齋藤 孝
Takashi Saito

頭のいい人の夜に学ぶ習慣

JN224168

ポプラ新書
267

＊本書は、二〇一七年四月に小社から『夜型人間のための知的生産術』のタイトルで刊行した書籍を改題、加筆修正し刊行しました。

「頭のいい人」とは——

情報を知識として定着させ
思考を深めようと意識している人、
本質を自らつかみにいこうとする人、
そして、その方法論を知っている人。

夜は素敵な時間です。
世の中の多くが寝静まる、沈黙の時間。
じっくり自分と向き合いながら、
学んで考えを深め、
教養を身につけることができます。

眠りにつく前の2時間は、
新しいことを知り、学びを深め、
人生を充実させるために不可欠な時間です。

生活を誰かに合わせるのではなく、
自分が一番力を発揮できる時間帯に
集中して生産し、結果を出す。
これがベストです。

知的教養を高め、
精神を豊かにしておくと、
心理的な問題が軽くなります。
余計な苛立ちや心配事に
振り回されることが少なくなります。

新版に寄せて　これまでにない「夜の時代」をどう生きるか

今、私たちはこれまでにない「夜の時代」を生きています。

この数年で、働き方や生活様式が大きく見直されました。変化の最大の要因は新型コロナウイルスの感染拡大です。

自由に外出できない、外出できたとしても行動が制限されて、それまでは当たり前だった通勤や通学という概念がぐらつきました。家でも仕事をする、家で授業を受けるという、それまでは特別だったことが、急速に「普通のこと」になりました。

感染が落ち着いても、世の中はコロナ以前に完全に戻ったわけではありません。苦肉の策として生まれた生活様式が、案外と便利だったり快適だったりしたことから、そのまま定着しているものもあります。

テレワーク、リモートワーク、在宅勤務と呼ばれる、「勤務先以外で働く」勤労形態はその最たるものでしょう。私の知り合いでも、それまでと同じ仕事を続けながら、東京を離れて地方に拠点をおいた人が何人もいます。

もしもコロナ禍が、今ほどネットワーク環境が整っておらず、まだスマホもなかった時代に訪れていたら、ここまでスムーズには導入できなかったはずです。この点だけを取り上げるならば、感染拡大のタイミングは時代環境からすれば悪くなかったと言えます。

こうして、それまでは固定されていた仕事や学習の場が自由になったということは、自分一人で管理できる時間が長くなったということです。

通勤や準備の時間がなくなったわけで、朝や夕方、夜に自分の時間が増えるのは自然の流れです。

その時間をどう使うのか、私たちにはそれが問われています。そしてどう使うかが、これからの人生の質を大きく左右します。

以前も今も「朝活」が流行しています。代表的な例だと、出勤前に読書会に参加したり語学を学んだりと、自己研鑽を行うというものです。子どものころ、一度もラジオ体操に参加したことのない「反朝型」の私には無縁な活動だと思っていましたが、この数年で、朝型礼賛に疑問を呈する声もより多くなっています。

たとえば2017年に、アメリカのネバダ大学リノ校とイギリスのオープン大学は共同で調査を行い、学生にとって最適な始業時間は午前11時と結論付けています。朝というより、ほとんど昼です。

また、ワシントン大学のギデオン・ダンスター氏らは2018年に、学校の始業時間を約1時間遅らせることで、生徒の睡眠時間が約30分長くなり、成績の向上にもつながるという研究成果を発表しています。カリフォルニア州では2019年に、アメリカの小児科学会の見解に基づき、公立中学校と公立高校の始業時間を、それぞれ8時と8時30分以降とする方針を固めています。

朝型の人を否定するつもりはもちろんありませんが、典型的な夜型の人間としては、もう朝に無理をしなくていいよ、朝が苦手なら夜を豊かにすればいいと認めてもらえたような気がしています。

堂々と夜の深い時間を楽しむことができます。

その時間をどのように管理して、使うのか。

私なら、リラックスして有意義に過ごし、「今日も新しい学びがあった」と満足し、眠りにつきたいです。「今日も無駄に過ごしてしまった」と後悔しながらベッドに倒れ込むことはしたくないと思います。

本書は2017年に『夜型人間のための知的生産術』のタイトルで刊行した書籍の新版となります。

冒頭のような生活様式の移行により、2017年当時と現在を比べると、「夜の時間」の捉え方、考え方は変わっています。

あなたが持っている24時間のうち、自由で静かな「夜の時間」の重要性は増すばかりです。

そして、「夜の時間」にできることも格段に増えています。得られる情報も膨大になりました。何にフォーカスするのか、ということも明確な意志をもって選択しなくてはなりません。

今回の新版では、典型的な「夜型人間」である私自身の夜の活かし方、過ごし方、習慣を新たに書き加え、現代の「夜に学ぶ人」「夜の時間を大切にする人」「静かな時を味わいたい人」の生活に参考になる内容を意識して修正を加えました。

「いつも時間が足りない」「毎日が慌ただしくてうまくいかない」と感じている方は、静かで自由な「自分だけの時間」を今こそ取り戻しましょう。

早起き、朝型にこだわらなくていいのです（もちろん、無理に夜型にこだわる必要もないです）。

早起きが苦手な人、どうしても朝に時間が取れない人は、今一度、夜の時間について考え向き合ってみてください。

夜の時間と空間のメリットや素晴らしさを、改めて認識してもらいたいです。そして、本書のメッセージが夜に学ぶ人、夜に知識を深める人へのエールとなれば嬉しいです。

夜をリラックスして有意義に過ごしながら、学びを深め、人生を豊かにするために活用していただければと思います。

はじめに

「朝至上主義」への違和感

「早起きは三文の徳」ということわざがあるように、日本には早寝早起きを是とする考え方があります。

そのせいか、朝にはめっぽう弱いけれども、午後10時を過ぎたあたりからようやく頭が冴え出し、午前2～3時まで起きているという、私のような「夜型人間」は、どうも肩身の狭い思いをすることが多いものです。

小さいころ、「早く寝なさい」「早く起きなさい」と親から叱られた経験がある人も多いのではないでしょうか。一方で、「もっと遅くまで起きていなさい」「もっとゆっくり寝ていなさい」と叱る親はあまりいません。

しかし実際には、早起きが得意な人はそうそういません。「早起きをして人生を充実させよう」という本が時代を問わずに売れるのは、このためでしょう。早起きは「やるべきこと」なのに、とても難易度が高いのです。

早起きは三文の徳である。でも、みんなが早起きを目指して、その多くが挫折する。なんとか早起きする方法はないかと、専門家が書いた早起きの本を読む——私はここに、一つの「ひずみ」があるのではないかと感じます。

なぜそこまでして、朝型を目指すのか。私はこの「朝至上主義」に、どうしても違和感を覚えてしまうのです。

夜は学びの「核」となる時間帯

夜は素敵な時間です。

世の中の多くが寝静まる、沈黙の時間。じっくり自分と向き合いながら、学んで考えを深め、教養を身につけることができます。

全国大学生活協同組合連合会による「学生生活実態調査」（2023年実施）

の結果を見ると、１日の読書時間「０分」の大学生は47・4％で、２０１５年以降はほぼ45％から50％で推移しています。

多くの大学生はいったいたい夜の時間を何に使っているのか。ぜひ夜は読書にあててもらいたいものです。

また夜は、「ようやく一日が終わる」というリラックス感と、「あとは自分の自由時間だ」というわくわく感が同居する時間でもあります。

テレビやラジオの深夜番組も、どこかのびのびとして楽しげです。その解放感が多くの視聴者を虜《とりこ》にします。

そして夜は、想像力が羽ばたく時間。人々は昔から、将来の夢や新たなアイデア、今後の展望、あるいは恋する相手のことについて夜に想像と妄想を膨らませ、それを原動力として生きてきました。

こんなにも知的好奇心と想像力が掻き立てられる時間帯はほかにありません。

そもそも、朝や昼間は仕事や学校、家庭生活が忙しく、一つのことにどっぷりとはまる時間的、精神的な余裕もあまりないものです。しかし夜ならば、ひたすら自分の世界に浸ることができます。

私は夜こそ、人生を知的なものにするための「核」となる時間だと考えています。

日本初のノーベル賞(物理学賞)受賞者となった湯川秀樹も、夜に湧き上がる知的好奇心と想像力を味方につけて成果を出した一人です。

湯川秀樹の著書『旅人』には、枕元に「アイデアノート」を置き、ふとんに横たわってゴロゴロしながら浮かんできたアイデアを逐一書き付け、どんなに小さなアイデアも逃さなかったことが記されています。

昼間は思い浮かばなかったアイデアが、夜になるとどんどんあふれてくる。しかしまた翌朝になると、なんてばかげたアイデアだと自嘲する。その繰り返しの果てに、歴史的な大発見があったと湯川秀樹は振り返っているのです。

私はこんな風に考え始めた。もう一息という所まで、きていたのである。

しかし、昼間勉強している間には、なかなか面白い考えは浮かんでこない。計算用紙に、書き散らした数式の森の中に、私のアイディアはかすんでしまうようであった。

ところが夜、寝床に入って横になると、様々なアイディアが浮かんでくる。それは数式の羅列《られつ》に妨げられずに、自由に成長してゆく。その中に疲れて寝てしまう。

あくる朝になって、昨夜考えたことを思いかえして見ると、実につまらないことである。私の期待は夢魔のように、朝の光とともに消え去ってゆく。こんなことが、何度くりかえされたか知れない。

（中略）

例によって、寝床の中で物を考えていた。大分、不眠症が昂《こう》じていた。いろいろな考えが次から次へと頭に浮ぶ。忘れてしまうといけないので、まくらもとにノートが置いてある。一つのアイディアを思いつくごとに、電灯をつけてノートに書きこむ。こんなことが、また何日かつづいた。
十月初めのある晩、私はふと思いあたった。

湯川秀樹『旅人』（角川ソフィア文庫）

こうして、夜に浮かんだアイデアをもとに、湯川秀樹はノーベル賞受賞につながる中間子理論を構築することになります。

私は、これまでに700冊以上の著書を出版してきましたが、この膨大なアウトプットを生み出す秘密は「夜の過ごし方」にありました。

本書では、私自身の夜の過ごし方や活かし方、さまざまな偉人のエピソードをもとに、夜という素敵な時間を濃密な知的生産の土壌にするための方法をお伝えしていきます。

本書の構成

本書は次のような流れで構成されています。

新版書き下ろしの新章では、今の私にとってそもそも夜とはどんな時間か、「夜に学ぶ」意味について語っています。

序章では、過去に朝の情報番組の司会を担当したこともある私が、実はいかに「夜型」であったかを述べるとともに、なぜ夜を活かす必要があるのかについて述べていきたいと思います。

第1章は、夜の学び、知的生産に最も効果を発揮する「読書」の話。夜に読んでこそ輝きを放つ名著や、夜ならではの知識や教養の増やし方をご紹介します。

第2章は、本以外のものからインプットをする技を伝授します。テレビやラジオ、インターネット上の情報などからも、たくさんの知的教養を得ることができます。読書と並行してこれらの情報に触れることで、夜の楽しさと学びの量は倍増します。

第3章は、夜型のため、あるいは夜に知的生産をしなければならない人のためのアイデア発想法です。インプットした知識を、どのようなかたちでアウトプットしていくのか。その方法を伝授します。

第4章は、夜ならではの「精神」のつくり方をご紹介します。夜に精神のメンテナンスをすることで、心は簡単には折れなくなり、昼間のパフォーマンスも高めることができます。

あなたの夜、そして人生がより充実したものになるよう、心から願っています。

頭のいい人の夜に学ぶ習慣／目次

第2章　知識が深まる夜のインプット法

構成協力　片瀬京子
校正　東京出版サービスセンター
ＤＴＰ　三協美術

新章　「夜」とはどんな時間なのか

「夜」とはどんな時間なのか

日が落ちると、夜になります。太陽は地平の彼方に沈み、騒がしかった鳥も声を潜め、静かな時間が始まります。

どれだけ人間があちこちに灯りをともし、街へ出て賑やかにふるまったとしても、夜は昼に比べてどうしても静かなものです。

多くの人は昼間に仕事や勉強をし、夜に体を休めます。そうした活動量の違いも昼と夜とを隔てています。

そして、私にとって夜の中でもとくに、眠りにつく前の2時間は、新しいことを知り、学びを深め、人生を充実させるために不可欠な時間です。

もちろん、ほかの時間帯でも学びを深めることはできます。しかし、夜のその時間帯が最適です。

なぜなら、一人で過ごす自由度が最も高い時間帯だからです。

日中は、会社、仕事の関係者や学校の友達とのコミュニケーションが断続的に続きます。リアルなコミュニケーションはもちろん、スマホやパソコンにも、こちらの都合はおかまいなし、ひっきりなしに連絡が入り、それに対応、返事をしなくてはなりません。SNSも気になるかもしれません。そうこうしているうちに、時間の制御を自らの手から手放してしまいがちです。

ですから日中は、物理的にも精神的にも落ち着いて何かに取り組むことがとても難しい時間帯です。

一方で夜、それも、帰宅してから寝るまでの間の時間は、外部の人とのリアルなコミュニケーションは発生しません。スマホには相変わらず連絡が入り続けるかもしれませんが、勇気を出してそれに返事をしないことはできます。遅い時間でしたら、すでに寝ていたことにすればいいでしょう。

家族がいても同じです。夕方、仕事を終え外出先から戻ったら家族との時間が始まるという人も多いでしょう。しかし、その時間はあなたが寝る直前まで続いているでしょうか。きっとそうではないはずです。たとえば寝る前の1〜2時間は読書をしたりゲームに没頭したりベッドに入ってから考え事をしたりと、一人きりで過ごす時間もあるはずです。

その貴重な時間を、自分だけのために使うのです。

現代を生きる人にとって夜とは、暗くてひっそりと静かな時間帯である以上に、誰からも邪魔されない、一人を十分に満喫できる時間なのです。


一人リラックスして有意義に過ごす、それが夜

一人の夜の過ごし方は様々です。

私の場合は主に、本を読みます。文庫も新書も単行本も、常に手の届くところに何冊か置いてあるので、それを読みます。漫画を読むこともあります。テレビでスポーツを見ることもあります。映画のこともあります。ドラマも、毎シーズン1、2本は見ています。アニメも見ます。YouTubeを眺めることもあります。

やっていることは違っても、共通していることがあります。

それは、リラックスしていることです。

昼間でも、本を読みテレビを見ることもあります。しかし、たとえばお昼休みに大学の研究室で本を読んでいたら学生が訪ねてくるかもしれません。自宅でテレビを見ていたとしても、日中ですから、いつ誰から連絡があるかわかりません。やはりそれなりに緊張はしているものです。

しかし、夜は話が異なります。誰も訪ねてきませんし、連絡もしてきません。もし連絡がきたとしても、緊急でなければ対応は明日でいいでしょう。

このように、一日で唯一リラックスできる環境で有意義な時間を過ごすことが、私にとって至福となります。

さて、では有意義なこととは何でしょうか。至福な時間とは何をしているときなのでしょうか。

私にとって有意義で至福とは「学びがある」ことです。それまで知らなかった情報を知り、気付いていなかった知識にたどり着くことです。

また、もともとの知識を深めるという意味では、「学びが深化する」こととも
いえるでしょう。

夜にふさわしいのは、「学び」をリラックスした状態で行うことです。

眠りにつくことを考えても、その時間帯にはリラックスできないことはしないほうがいいでしょう。ですから私は夜、デスクに向かいません。ソファかベッドで過ごしています。

そして、リラックスできていたとしても、やはり有意義ではない、無駄なことはしないほうがいいと私は考えます。

私は日中、よくネットニュースをチェックします。芸能スキャンダルなども見ています。週刊誌にも目を通しゴシップ記事もしっかり読んでいます。

それでも、夜、一人リラックスできる時間帯にそうしたものを読もうとは思いません。

そういった情報に触れてしまうと、好奇心は満たせたものの、何かを深められたという実感のないまま一日を終えることに、わびしさやむなしさを感じるからです。

せっかくなら、また新しいことを学べた、新たな感動を得られたという歓びの余韻に浸りながら、一日を終えたいのです。

昼の5分の休息が夜の2時間を救う

私の場合、至福の夜の時間は12時頃に始まります。そして2時間ほどを過ごし、午前2時か3時頃に眠ります。起床はだいたい9時頃です。睡眠時間は6～7時間ですから、短すぎるわけでも長すぎるわけでもありません。

ただ、仕事が立て込んでいるときや疲れているときなどは、12時を過ぎたら眠くなってしまうこともあります。これはつまり、一日で最も楽しみな自分だけの夜の時間が眠気によって奪われてしまうということです。これほどもったいないことはありません。

そこで、夜の時間を楽しむため、私はできるだけ昼寝の時間をとるようにしています。

とはいっても、時間はほんの5～10分ほど。昼食の後などに椅子の上で静かに目を閉じると、あっという間に眠りに落ちます。そして、不思議なことに5分ほどで目が覚めて、頭がすっきりして爽快感が得られます。

この昼寝があると、夜に急に眠気が襲ってくることはほぼありません。昼寝をしたのにもかかわらず眠くなるときは、相当、体が疲れているということなので、素直に寝ることにしています。

リモートワークをしている人は、短い昼寝を日課にするといいでしょう。オフィス環境的に簡単な仮眠をとれるのなら、ぜひお試しください。短時間、目をつむって休息するだけでも、夜の時間への効果が実感できるかと思います。

「学び」とは「新しい意味に出会うこと」である

さて、「学び」とはどんなことか、別の言葉で表現するならば、「新しい意味との出会い」といえます。

ある知識や情報と出会ったときに「あっこれだ！」「これを知ることができてよかった」「このためにこの時間を使えてよかった」と実感できることです。

私は、こうした実感を「祝う」と呼んでいて、要は毎夜、「新しい意味との出会い」を一人静かに祝っているのです。

ちなみに、いわゆる「勉強」（受験勉強や資格試験勉強など）も「学び」のカテゴリーに入りますが、本書では多くは語りません。私自身、現在は「勉強」に注力しているわけではなく、目的はリラックスして知識を深めることだからです。

夜に行いたい学びの深化は、勉強と性質が異なります。

勉強とは私にとって知識を効率よく溜め込むことですが、学びの深化とは、未知の知識を得て感動することです。それにより頭と心がリフレッシュすることです。その出会いを祝福することです。目的そのものが違うということがわかると思います。

もちろん、受験勉強が必要だった高校生のころには夜遅くまで集中して勉強もしていましたし、たとえば資格を取得したい、語学を習得したいといった目的があれば、夜を学習の時間にあてるでしょう。しかし今はそうではありません。

それでも、夜型の人、朝が苦手な方にとって、本書の夜の過ごし方が、効率的な勉強のヒントになる部分はあると思いますので参考にしていただけると嬉しいです。

小学校に通うようになったばかりの子どもは、新しい知識との出会いを歓迎します。植物は光合成をしている、動物の中には周囲の環境に合わせて体温を変える動物がいる、こういった知識一つひとつに「へーっ」と驚き、感動し、記憶に刻みます。

大人になるとこうした「へーっ」は減ります。世の中を知り尽くしてしまったからではありません。小学校のように、教室で黙って椅子に腰掛けていれば、先生や教科書がどんどんと未知の知識を授けてくれる機会がないからです。

大人は、仕事に関することや生活に必要なことについては貪欲に知識を得ようとします。そうしないと生きていけないからです。つまり、新たなインプットの大半は、義務感にかられて行っています。

その一方で、それを知らなくても生活には支障がないけれど、それを知っていると暮らしに深みが生まれるような仕組みや、言葉や、思想を積極的にインプットしようとはしません。その理由は、もう試験がないから必要がないと思っていたり、そのための時間がなかったり、やってみるきっかけがなかったり、人それぞれでしょう。

しかし誰しも、数は少ないかもしれませんが、大人になってからも、ふとしたときに、価値観がひっくり返るような、世の中の見え方が１８０度変わってしまうような経験をしたことがあるはずです。

「そういうことだったのか」「もっと早く知りたかった」「いや、今知ることができてよかった」と思ったことがあるはずです。

「学ぶ」ということは、そうした出会いを自分からしかけることです。そこで得られる感動で、魂を若返らせようとすることです。

そして、普段は見逃していた、この夜の時間がなければ出会えなかったであろう新しい意味に出会い、その出会いを祝福することです。

岩盤に穴を開け、「感動」という鉱脈を掘り当てる

一人で静かにリラックスして過ごせる夜は、「時間よ止まれ」と思いたくなる出会いを得るのに最適です。そして、その出会いに導いてくれるのが、本であり、映画であり、テレビです。

一つひとつの出会い、そこからもたらされる感動はささやかなものかもしれません。しかし、ささやかであってもそれが習慣になると、雨だれが石を穿《うが》つように硬い岩盤に穴が開きます。そしてその穴からは、生きる喜びが湧き出して止まらなくなります。

この、岩盤に穴を開ける作業は、誰かに代行してもらうことはできません。自分自身で行う必要があります。

夏目漱石の講演集『私の個人主義』は、私の大好きな本の一冊ですが、そこに次のようなくだりがあります。

比喩で申すと、私は多年の間懊悩《おうのう》した結果ようやく自分の鶴嘴《つるはし》をがちりと

鉱脈に掘り当てたような気がしたのです。なお繰り返していうと、今まで霧の中に閉じ込まれたものが、ある角度の方向で、明らかに自分の進んで行くべき道を教えられた事になるのです。

夏目漱石『私の個人主義』（講談社学術文庫）

これは、漱石がロンドンに留学したときのことを振り返っての言葉です。

漱石は小説家になる前の教師時代、英語と英文学について学ぶため、30代半ばの2年間を英国で過ごしたのですが、なかなか現地での暮らしになじむことができずにいました。物価も高く、貧しい暮らしを強いられていたようです。

漱石はもともと学生時代から思い詰めるところがありましたが、あるとき、気がつきます。

私はそれから文芸に対する自己の立脚地を堅めるため、堅めるというより新らしく建設するために、文芸とは全く縁のない書物を読み始めました。

一口でいうと、自己本位という四字をようやく考えて、その自己本位を立証するために、科学的な研究やら哲学的の思索に耽《ふけ》り出したのであります。（中略）

私はこの自己本位という言葉を自分の手に握ってから大変強くなりました。彼ら何者ぞやと気概が出ました。今まで茫然と自失していた私に、ここに立って、この道からこう行かなければならないと指図をしてくれたものは実にこの自我本位の四字なのであります。

夏目漱石『私の個人主義』（講談社学術文庫）

「自己本位」「自我本位」という四文字にたどり着いた感覚を、漱石は「自分の鶴嘴《つるはし》をがちりと鉱脈に掘り当てた」と表現しているのです。

漱石は留学を終えて1903年に帰国し、それまで教えていた学校を辞め、翌年に書き始めたのが『吾輩は猫である』でした。

もし貴方がたのうちで既に自力で切り開いた道を持っている方は例外であり、また他《ひと》の後に従って、それで満足して、在来の古い道を進んで行く人も悪いとは決して申しませんが、（自己に安心と自信がしっかり附随しているならば、）しかしもしそうでないとしたならば、どうしても、一つ自分の鶴嘴《つるはし》で掘り当てる所まで進んで行かなくっては行けないでしょう。行けないというのは、もし掘り中《あ》てる事が出来なかったなら、その人は生涯不愉快で、始終中腰になって世の中にまごまごしていなければならないからです。

夏目漱石『私の個人主義』（講談社学術文庫）

ここで漱石が言っていることに私は全面的に賛成です。自分で何かを切り開くこと、切り開いたという実感が、人に自信をつけその人生を彩り豊かなものにしていきます。

夜が人間の「深み」をつくる

本を読んで、映画を見て、テレビを見て、知識と情報に触れ、心を豊かにする。夜の時間というものは、興味のあることを学び心に栄養を与える時間です。

夜は「豊かになる勉強」をする時間。受験勉強のような、追い立てられる勉強ではなく、自分自身を教養面で豊かにするための勉強をする時間です。

そして、リラックスして文化の深みに触れる時間でもあります。違う価値観に触れる時間。ふだん一つの価値観でやっているとしたら、このような価値観もあるという発見を得る時間。これが文化というものです。

教養や文化に触れる時間を毎日持つと、人生に深みが増します。一方、日常的な考え事に追われていたりすると、人生が浅くなってきます。それに伴い、呼吸や思考まで浅くなってきます。

ゆったりと呼吸し、本なら本、映画なら映画、ラジオならラジオにゆったりと浸りましょう。浸る深みを得られるのが夜のよさです。

私にとって、夜の2時間（ときには、3~4時間）というのは非常に重要な時間です。

夜が魂に栄養を与え、潤いをもたらし、深みというものを与えてくれます。そういう大切な夜の時間というものを、あなたにもつくっていただきたいと考えています。

ドストエフスキーに『地下室の手記』という重要な作品があります。地下のイメージは、複雑な自我とつながっています。

夜の時間は「心の地下室」です。日常の自分とは違う、まったくの別世界。それを持っていないと、どうしても人間が単純になってきてしまいます。人間が単純だと、クリエイティブではありません。

自分を複線化し、重層化するというような作業が必要です。薄っぺらい単純な自己ではない自己を持っている、というような心の地下室は必要です。その地下室をどんどん夜の間に充実させていくということですね。

「面白い人」とは、人間的に深みのある人

「面白い人」かどうかというのは、夜の時間の過ごし方で決まってくるのです。

タモリさんが「面白い」と思われているのは、「タモリ倶楽部」(テレビ朝日系)や「ブラタモリ」(NHK)で膨大な知識量を披露していたからでしょう。決して「笑っていいとも!」(フジテレビ系)だけを見て面白いと感じていたわけではないと思います。

「タモリさんはよく、こんなにもエネルギーをかけて興味を持ったことを勉強できるな」という、その世界について、みんなが「面白い」と感じているのです。

夜の時間は、そのような世界を持ち、面白い人間になるための時間であるともいえます。

ここでいう「面白い人」とは、笑えるようなことをたくさん言う人のことではは、もちろんありません。

深みのある人、この人と話をしたいと思える人のことです。私も、面白い人たちと会話をして魂が若返る感覚を得ることがよくあります。

こうした面白い人は、みんなが知っていることも知っているし、みんなが知らないことも知っています。

みんなが知っていることとは、たとえば大谷翔平選手のことです。決して「大谷翔平って誰？」とはなりません。日本ハムファイターズ時代の詳しい成績などは知らなくても、２０２３年のワールド・ベースボール・クラシックで最後のマウンドに立っていたことや、メジャーリーグで眼を見張るような活躍をしていることは知っています。現在の所属チームでの成績も、きっと知っているでしょう。

みんなが知っていることを知っているとは、世の中の関心事に興味があるということです。そして、その共通の関心事をきっかけに、人とつながろうという意思があるということです。

一方、みんなが知らないこととは、たとえば一冊の本の内容です。呉座勇一さんの書いた『応仁の乱』（中公新書）は、大ベストセラーです。応仁の乱という、誰もが聞いたことがあるけれど実態をよく知らなかった長い戦いを詳しく説明した本で、50万部近く売れています。

この本を読み通した人は、みんなが知らないことも知っている人です。ベストセラーに書いてあることなら、みんなが知っていることだと思うかもしれません。しかし、ベストセラーでも50万部です。単純計算で日本で1000人中5人ほどしか知らないことは、みんなが知らないことといっていいのではないでしょうか。

みんなが知らないことを知っているとは、他の人は知らない何かを知るという歓びを経験した結果です。

みんなが知っていることだけを知っている人がどこか浅い印象を与えるのに対して、みんなが知らないことも知っている人は、人間的な深みがあります。また、みんなが知らないことだけを知っている人は、どこか取り付きにくい印象を与えがちです。

もしもあなたが、みんなが知っていることだけを知っているタイプなら、夜の時間を使って、みんなが知らないことと出会ってみてはいかがでしょうか。

そして、みんなが知らないことだけを知っているタイプなら、みんなが知っていることに触れてみてはどうでしょうか。

どちらの場合も、発見があるはずです。

そうしているうちに、あなたは人間的に面白い人になり、周囲の面白い人を引き寄せます。そして、ますます面白く魅力的な人になっていきます。

序章 私はなぜ「夜」に学ぶのか

寝耳に水だった朝の情報・報道番組MCオファー

私は2014年3月から1年間、TBS系列で平日朝5時25分から生放送されていた情報・報道番組「あさチャン!」のMCを務めました。

朝の番組のMCを担当していたということで、私のことを朝型だと思っている人も多いようです。

しかしここまでお伝えしたように、私は典型的な夜型です。

「あさチャン!」はみのもんたさんがMCを務めていた「朝ズバッ!」に代わる新番組でした。

私はTBSの他番組に出演していたこともあり、共演者やスタッフと「朝の新番組、みのもんたさんの後任のMCは誰になるんでしょうね」なんて、呑気に話をしていたものです。

そんな折に突然、私にMCの打診が来ました。まさに、寝耳に水です。

ただ、寝耳に水ではありましたが、冷静に考えると、とても光栄なことだと思いました。

大学で教鞭を執ったり、本の執筆をしたりといった分野では多くの経験を積みました。テレビの出演も多く重ねてきました。しかし、帯番組のMCとなると経験がありません。まったく未知の世界です。

ぜひやってみたい。そう考えました。

一方で、懸念材料もありました。それは、私が「夜型」であるということです。朝早く起きることが何よりも苦手なのです。

夜型の私に、朝の帯番組のMCなんて務まるはずがない。そう思い直し、一度はお断りしました。

しかしその後、「どうしても」というお話があり、夜型の私をサポートする体制もととのえていただきました。それもあり、なんとかMCを担当することができたのです。

「あさチャン！」の放送は、平日の午前5時25分から。その前に打ち合わせがありますから、テレビ局入りするのは午前4時過ぎです。

それから新聞を読み、打ち合わせをして、2時間半の生放送を進める。こんな生活がスタートしました。早朝3時、眠い中をなんとか起きて、テレビ局に向かい、生放送が終わってから少し眠るという生活です。

緊張感の中で、事実をしっかり伝えるジャーナリズム精神だけを命綱に、なんとかやり切ったという感じでした。

「午前3時就寝、午前9時起床」

では、私はどれほどの夜型なのか。

当時私が眠りにつくのは、だいたい午前3時から3時半くらいでした。平均6時間ほどの睡眠をとり、午前9時から9時30分ごろに目が覚める。要は、「あさチャン！」の時間は、それまではそのまま睡眠時間だったのです。

一般的な会社員の方からすれば「信じられない」と、驚きを受けるかもしれません。でも決して、働いている時間が短いわけではありません。単に、働いている時間がずれているだけなのです。

かつては、ほぼ一日中仕事しているのに近い状態もありました。具体的には、6時間の睡眠以外の残りの18時間を3分割して、3つの本を並行して執筆していました。

しかし、さすがに仕事をやりすぎていると自分でも感じていたので、もう少しバランスのとれた生き方はないものかと模索していった中で見つけたのが、無理に世間に合わせて朝から働くのではなく、「自分の苦手な時間帯に働くことは捨てて、自分のゴールデンタイムに生産性を上げよう」という生活リズムでした。

「朝の活動」が向かない人たちもいる

たとえば私が午前6時に起きて、朝食をとって少しの読書をして会社に行き、仕事を朝8時から始めるという、いわゆる「朝型の生活」をしたとしましょう。

すると私の場合、午前8時から10時くらいまでは全然、使い物にならないことが想像できます。脳がもう一つ、やる気にならないのです。

朝は頭がすっきりしていて、生産効率が上がるというお医者さまの話もよく聞きます。たしかに、「朝は生産性が上がる」というのが、多数派なのかもしれません。

しかし肝心なのは、私を筆頭に、この「朝早くから活動する」というリズムに合わない人もいるということです。

私個人は、朝早くから仕事すると、その日一日の調子がよくないのです。振り返ると「なんか今日、調子がよくなかったな」という日はだいたい、朝早く起きなければいけなかった日で、そういった日は、最後まで調子が上がらないのでした。

私の場合、起きてから徐々にギアが上がっていき、夜にトップスピードが訪れる。すなわち、私のゴールデンタイムは夜です。

逆に、起きていきなりトップスピードを出そうとすると、ギアがかみ合わず、あとは減速していく一方になってしまいます。すると、自分の頭が一番働くはずのゴールデンタイムの生産性がいまいち上がらないという事態になってしまいます。

「夜に生産性が上がる人間」として職業を選ぶ

いつから自分の生活リズムが「夜型」になったのだろうと考えてみると、どうやら子どものころから夜型だったようです。

初めて「夜型だな」と気づいたのは、小学校1年生のときでした。

とにかく朝、学校に行くのがしんどい。しかし、学校自体は嫌いではありませんでしたから、給食の後ぐらいから元気になってくる。放課後はより活発になって、夜になると目が冴えてきます。小学校1年生のときから、夜放送されているテレビの洋画劇場を楽しみにしている子どもでした。

修学旅行でいつまでも起きている人がいますが、私がそのタイプでした。小学校、中学校、高校、すべての修学旅行で「夜遅くまで起きている人ナンバーワン」。周りはすぐに寝てしまうので、なんとも歯ごたえがありませんでした。もっともその分、朝は起きられずに、朝ご飯をパスしていたのですが……。

学生のうちは「朝ご飯パス」で乗り切れても、社会に出たらそうもいかないだろう、就職したらどうするのかということを考え出しました。

私の夢は裁判官でした。そのために東大の法学部に入学しました。しかし裁判官について調べていくうちに、裁判官の日常生活は極めて謹厳実直で、朝、遅刻なんてしようものなら、大変なニュースになってしまうということがわかりました。全国ニュースで「裁判官遅刻」と報道されてしまうのです。これは大変な仕事であると思いました。

その点、学者は対象を研究して論文を書くというのが、主な仕事です。これはいつの時間に書いてもいいので、時間に縛られない。だから、夜に活動的になるタイプでも問題はありません。

そして、大学に「先生」として雇用された場合には、大学の先生は時間割を自分でほぼ決めることができます。1限目に自分の授業を入れなければ、自分のリズムを崩さずに仕事ができ、調子よく一日を過ごせます。

職業選択の時点で、私はすでに「自分は夜型だから、それを引き受けて生きていくしかない」と考えていたところがあったのです。

「夜型勉強法」で人生を切り開いた

学生時代、勉強する時間も、もっぱら夜でした。朝型勉強法が、時代を問わずもてはやされていますが、私の場合は「夜型勉強法」で人生を切り開いてきたといっても過言ではありません。

朝、頭がすっきりとしている状態で勉強する朝型勉強法は、知識の吸収も速く、効率がいいように思えます。

しかし現実には、朝型勉強法を始めたけれど挫折してしまったという方も、相当数いるのではないでしょうか。

その原因は、「朝が苦手な人が多い」ということ以上に、「そもそも、勉強が苦手な人が多い」ということにあると私は考えます。

勉強が苦手な人は、「勉強を始めること」に大きなストレスを感じます。はじめの一歩がとてつもなく重いのです。

しかしそれでも、はじめの一歩を踏み出し、参考書を1行ずつ読み、問題集を1問ずつ解いていくと、徐々にエンジンがかかってきます。そしていつの間にか集中している。寒中水泳のようなものですね。体が慣れてくれば、勉強することに対するストレスはなくなっていくものです。

つまり、勉強が苦手な人は「スロースターター」といえます。


勉強のスロースターターは、朝型勉強法との相性がいいとはいえません。

朝型勉強法の弱点は「時間制限」があることです。会社や学校が始まる前に勉強すると、エンジンがかかり始めたところで通勤・通学の時間が来てしまうからです。

一方、夜の勉強は時間の制約が少なく進めることができますから、ひとたびエンジンがかかり始めたら、眠くなるギリギリまで時間を使えます。ようやくかかったエンジンを、ガソリンが尽きるまで動かし続けることが可能です。それが結果的には、時間を無駄にしない勉強法ということにもなります。

私もスロースターターでしたから、「夜型勉強法」で人生を切り開いてきました。学生時代でいうと、勉強のスイッチが入るのは、午後10時を過ぎてから。それから徐々にエンジンがかかり出し、明け方の4～5時ごろに力尽きて就寝するという生活をしていました。

大切なのは、勉強を朝やるか、夜やるかではなく、「ゾーン」に入って集中するということです。その時間を増やすことができれば、勉強の結果は必ず出ます。

朝からすぐに集中してできる人は朝型勉強法でもよいと思いますが、私のようなスロースターターかつ夜と相性がいい人は、「夜型勉強法」を検討してみてはいかがでしょうか。

「夜」を活かすことはいつの時代も求められている

「夜」の時間を活かすべきなのは、夜になると頭が冴えてくる「夜型人間」ばかりではありません。

朝早くに働くことを求められる人や、昼間忙しく、自分のための時間が夜にしかとれないビジネスパーソンやダブルスクールの学生、子育てに忙しい方も、夜に知的生産をする必要が出てきます。

また、出張や移動の多い人などは、朝に知的生産をするのはかなり難しいのではないでしょうか。

このような状況にある方が「朝」の時間を活かすのは、現実的ではありません。より自由な形で現代社会を生きる私たちは、「朝」よりもむしろ「夜」を活かす方法を考えなければならないのです。

夜型人間は「結果」で周囲を黙らせる

人の幸せとは、自分の「ゴールデンタイム」をいかに充実して過ごせるかどうかだと、私は思います。生活を誰かに合わせるのではなく、自分が一番力を発揮できる時間帯に集中して生産し、結果を出す。これがベストです。

朝に結果を出すのが難しい人は、「夜型」あるいは「夜に知的生産をしなければならない」ことを受け入れて、結果を出す。これでいいのです。

私は、周りが起きて活き活きと働いている午前中に調子が上がらないわけですが、そのぶん、自分のリズムで働くことによって結果を出す、という強い信念を持っています。

幸い、世の中の風向きは夜型に味方しています。

たしかに「朝至上主義」は依然として続いていますが、働き方については価値を生み出すことが重要な時代に入りました。低成長社会において、生産性が見直され始めたのです。

ルーティンな作業をただこなすだけの仕事ではなく、何か新しいアイデアを生み出す、そういう人が重要であるという時代に入りました。

たとえるなら、スティーブ・ジョブズが早起きだろうが遅起きだろうが関係ないということです。寝起きがとてもよくて、朝からバリバリ働いている人と、寝起きはすごく悪いけれども、夕方からエンジンがかかって夜にバリバリ働く人と、どちらにも同じ価値があるということです。

したがって、「自分は夜型人間だから朝型に変えなければ」とか、「知的生産(学び、勉強)は朝にやるほうがよい」というような世間の流れに対して、そろそろ「(必ずしも)そうでなくてもいいんだよ」という、いわゆる「解放運動」があってもいいのではないかと思うのです。

私の場合、学者という少し特殊な仕事なので、時間の融通が利きやすい部分はあります。しかし今は、リモートワーク、在宅勤務などの導入により社会全体が「結果が出れば、いつ、どこで働いてもいいよ」という時代になりつつあります。「夜」を活かした学び方、インプット術を身につけ、周囲をあっと言わせましょう。

第1章

頭のいい人の夜の読書術

「知識の習得」には夜が適している

「学び」や「知的生産」の核となるのは、いかに情報を知識として定着させ、思考を深められるかになります。その基本は「インプット」にあります。

まったく「インプット」をせずに知的生産を続けるのは、難しいものがあります。燃料を入れずに車を動かすようなものです。思考を深めるためには、「知識や教養」という燃料が必要になります。

知識の習得には、夜が適しています。

先述のように、昼間に会社で仕事をしていたとすると、まとめて知識を習得するのはなかなか難しいでしょう。これは学生でも同じです。

夏目漱石が『道楽と職業』という講演の中で、「道楽というものは、自分のためにすること。そして職業というものは、人のためにすること」という主旨のことを語っています。

職業というものは要するに人のためにするものだという事に、どうしても根本義を置かなければなりません。人のためにする結果が己のためになるのだから、元はどうしても他人本位である。すでに他人本位であるからには種類の選択分量の多少すべて他を目安《めやす》にして働かなければならない。要するに取捨興廃の権威共に自己の手中にはない事になる。したがって自分が最上と思う製作を世間に勧《すす》めて世間はいっこう顧《かえり》みなかったり自分は心持が好くないので休みたくても世間は平日のごとく要求を恣《ほしいまま》にしたりすべて己を曲げて人に従わなくては商売にはならない。

（中略）

いやしくも道楽である間は自分に勝手な仕事を自分の適宜な分量でやるのだから面白いに違ないが、その道楽が職業と変化する刹那《せつな》に今まで自己にあった権威が突然他人の手に移るから快楽がたちまち苦痛になるのはやむをえない。

『夏目漱石全集10』所収（ちくま文庫）

つまり、職業とは、人のためにサービスをしてお金をもらうことだと言っているのです。

道楽とは自分のためにやるもの。たとえば、作家が何かものを書くにしても、自分のために書いているのであれば、漱石に言わせればそれは道楽ということになります。

また、禅寺のお坊さんが、自らの悟りのために座禅をしているのであれば、それも「人のため」ではありませんから、道楽だというふうに、漱石は解釈しているわけですね。

すなわち、行動そのものが真面目かどうかではないのです。

お坊さんが座禅を組んでいるのは真面目ですが、それでも道楽だという考えです。だから、仕事の時間に「自分のための勉強」をするのは、どんなに真面目な勉強でもあってはならないのです。

多くの場合、知的生産とは仕事以外の時間、つまり夜に行うものなのです。

記憶は「夜」に定着する

私には、記憶は夜のほうが定着しやすいという実感があります。

寝る前に大量に記憶して、寝ている間に頭の中で勝手に整理をしてもらう。寝ている間に脳は、パソコンでいう「最適化」の作業を行ってくれるのです。

これを私は「お任せ勉強法」と呼んで、学生時代から実践していました。

夜、力尽きるギリギリまで勉強をして頭に詰め込み、バタンと眠りに入ってしまうと、朝起きたときに、不思議と勉強した内容が整理されて頭の中に定着しているのです。

夜にものごとを大量に覚えると、夢の中でも思い出すことがあります。

たとえば、寝る前に見たホラー映画の内容を、夢でそのまま見てしまうということがありますよね。同じように、寝る直前まで仕事をしていると、寝ている間も頭の中でそれがなんとなく続いていて、寝ている間に新しい発想が生まれることもあります。

夢に見ないものは「本気」ではない

『論語』に、「久《ひさ》しいかな、吾《わ》れ復《ま》た夢《ゆめ》に周公《しゅうこう》を見《み》ず」という言葉があります。周公とは聖人です。それを最近、夢に見なくなったと、孔子は言うのです。これは自らの衰えを嘆く言葉です。

自分が仰いでいる聖人である周公を、昔は夢に見ていたのでしょう。それを最近、夢に見ない。それは自分が衰えたからだと反省しているのです。孔子のように、「夢に見ないようなものは本気ではない」と考えて、知識を詰め込む。すると寝ている間に頭の中で最適化されて、知識が定着していきます。

私自身にも、似たような経験があります。

１９８０年代の半ば、まだワープロが出始めのころです。当時、論文を膨大に書く必要があり、寝る直前までワープロでカタカタと論文作成を進めていました。

寝る直前まで膨大な量の文章をワープロで打ち込むとどうなるか。夢の中の会話がすべて、「ワープロで打ち込んだ文字」としてやり取りされるのです。自分の話すこと、相手の話すこと、すべてが全部、ワープロでカタカタと打ち込まれるかたちで展開されていく。非常にまどろっこしく、「夢を見るだけなのになぜこんなに苦労しなければならないのか」と思いましたが、同時に、「ああ、自分も孔子が言うような域に少しだけでも到達したのかもしれない」と嬉しくなったりもしたものです。

夢で見るようになって、初めて「本気」といえるのではないでしょうか。

夜のインプットの基本は「読書」

夜の学び、インプットの柱になるものは読書です。

読書はやはり、知識の習得法としては王道といえます。テレビやインターネットに比べてエネルギーが必要で、そのために本を読むのが苦手な人もたくさんいます。しかしこれが身につくと、知的生活の安定した基盤ができます。

たとえ、すぐに使う知識ではなくても、教養が増えていくのは面白いものです。人間として今生きていく喜びを感じることができます。

福沢諭吉は、『福翁自伝』で夜の読書のやり方についてこう言っています。枕を使わない生活をしていたというほどの読書生活です。

それから緒方の塾に入ってからも私は自分の身に覚えがある。夕方食事の時分にもし酒があれば酒を飲んで、初更《よい》にねる。一寝《ひとね》して目がさめるというのが、今で言えば十時か十時すぎ、それからヒョイと起きて書を読む。夜明けまで書を読んでいて、台所のほうで塾の飯炊《めした》きがコトコト飯を炊く支度をする音が聞こえると、それを合図にまた寝る。寝てちょうど飯のでき上がったころ起きて、そのまま湯屋に行って朝湯に入って、それから塾に帰って朝飯を食べてまた書を読むというのが、たいてい緒方の塾にいる間ほとんど常《じょう》きまりであった。

『日本の名著　33　福沢諭吉』所収（中央公論社）

読書というものは、生きる土台になります。

夜は知的な読書をして過ごし、知的な土台をつくるための時間にあてたいものです。

読書は「偉人の話を聞く」イメージで読む

何も仕事に直接役立つ本ばかりを読む必要はありません。福沢諭吉も『学問のすすめ』で「目的なしの勉強こそが一番大事だ」と言っています。そう考えると、読書は気楽なものです。

読書を楽しむコツは、「本を読む」のではなく「話を聞く」というイメージで臨むことです。

面白い人生を送った人の話を聞くのは楽しいものです。

「はじめに」に挙げた湯川秀樹の『旅人』でしたら、「日本で初めてノーベル賞を受賞した湯川秀樹が、自分の人生について、そしてどうやって科学的発見をしたかについて、今、目の前で語ってくれている」というイメージで読みます。このような面白い話を聞かずにはいられないでしょう。そう考えると、すぐに本が読みたくなり、毎晩、新しい本に出会いたくなってきます。

すべての本は「語り」だと思いましょう。

プラトンが著した『ソクラテスの弁明』は、「ソクラテスはこんな人で、最期にはこう話した」と語っているものです。

デカルトの『方法序説』も、「私は旅に出て、このようにして思考の実験をして、このようにしてある境地に至った。これで不安と後悔から一生脱却できた」ということを語ってくれている本です。

どちらも哲学書だと思うから重く感じますが、偉人が語ってくれていると思えば、途端に親近感がわきます。

さすがに、ハイデガーの『存在と時間』となると、少し読みにくいところがあります。哲学書を読むなら、プラトンやデカルト、あるいはニーチェの本から入ると読みやすいと思います。

デカルトの死因は「無理な早起き」!?

余談ですが、デカルトの死因が「無理な早起き」にあったのをご存じでしょうか。

デカルトはスウェーデン女王クリスティナの招きを受け、哲学の講義を行うよう要請されます。

このクリスティナは根っからの「朝型人間」、一方のデカルトは、これまた根っからの「夜型人間」。スウェーデンがとても寒い国ということもあり、デカルトははじめ、この要請を受けるべきかどうか躊躇します。しかし結局、クリスティナに講義をすることを選びます。

『デカルトの骨』という本には、彼（デカルト）と彼女（クリスティナ）の生活リズムの違いが、とても端的に描かれています。

彼は夜型で、夜更かしして仕事をするのが好きだった。一方彼女はいつも朝の四時に起床し、五時から哲学を講じるよう命ずるのだ。夜明け前の闇の中、シャニュの館から出た馬車は、ストックホルムの中枢である島の中心にある丘をがたがたと越え、港の上にそびえる堂々たる城に向かって上って行く。寒い。これまで体験したことの無いほどの寒さ。

ラッセル・ショート：著、松田和也：訳『デカルトの骨』（青土社）

そしてデカルトは、合わない早起きと凍えるほどの寒さがたたって肺炎を発症し、それが原因で亡くなってしまうのです。

夜を大切にしていたデカルトにとって、無理な早起きはよほどこたえたのでしょう。

夜のゴールデンタイムには、「教養」という、いわばすぐに回収できるとは限らない豊かな知の時間を確保できます。早起きに縛られず、夜の時間を大切にしたいものです。

夜こそ「大著」に浸る

時間を気にせず、大著に浸ることができるのが夜のよさです。

ロマン・ロランの『ジャン・クリストフ』は、全4冊（岩波文庫）からなる長編教養小説です。ある天才音楽家がドイツの小都市に生まれて成長し、恋をして、音楽家として大成して死ぬまでのすべてを描いた、大河ドラマのような作品です。

このような、一人の人生のすべてを凝縮した作品を、1日30ページくらいずつ、じっくりと読む。それを毎日続けていくと、夜の雰囲気と物語の雰囲気がマッチして、毎晩、小説の中の世界に旅しているような錯覚に浸ることができます。これが私の大学受験時代のいやしの時間でした。

ドストエフスキーの『罪と罰』や『カラマーゾフの兄弟』も、夜に読むことで輝きを増す物語です。

長編小説は、昼間に持ち歩いて、電車の中やカフェなどで細切れの時間を使って読むよりも、夜、じっくりと落ち着いて読むことで、その世界観が自分の中に染み込んでくる感覚を味わえます。

「夜の世界観」を存分に味わう

アントニオ・タブッキは、『インド夜想曲』という物語をつづっています。『インド夜想曲』は、失踪した友人を探してインド各地を旅する物語です。タイトルに「夜想曲」とあるように、作品全体に夜特有の、幻想と瞑想に満ちた世界観が広がります。全体が夢の中にいるような雰囲気に誘われていきます。

それでいて、完全に荒唐無稽というわけではなく、読んでいくうちにタブッキのつくり出すアナザーワールドに引き込まれていく。不思議な幻想小説です。

「夜」と「幻想」は、とてもマッチします。

同じくタブッキの『供述によるとペレイラは……』も、夜になじむ物語です。

舞台は、ファシズムがだんだん台頭してくるポルトガル。主人公はその首都リスボンの新聞社に勤める社員です。リスボンという街が、日本に住む私たちからすればかなり遠いだけに、夜の「非日常感」との相乗効果で、想像力を膨らませながら読むことができます。

タブッキはポルトガルを愛した作家で、どの作品からもポルトガルの空気感を味わうことができます。タブッキを追いかけることで、毎晩、ポルトガル旅行をしているような感覚に浸れます。ちなみに私はまだポルトガルを訪れたことはありません。そんな私にポルトガルの空気を伝えてくれる点でも、ありがたい作品です。私はポルトガルの作品を読むときには、ポルトガルのバンド、マドレデウスのＣＤやファド（ポルトガルの民族歌謡）のＣＤを聴いて雰囲気をつくっています。

日本における「夜」の小説といえば、宮沢賢治の『銀河鉄道の夜』でしょう。何度読んでも、読後感がふわっとする、不思議な作品です。

ほかの多くの小説のように、あらすじがわかったからもう読まなくていいという類の小説ではありません。何回読んでも、どこか「はっきりしなさ」が残る、つかみどころのない作品です。そこに、現実とは少し乖離した「夜」の雰囲気が出ています。

主人公のジョバンニと友人のカムパネルラは、死者の列車に乗って旅をします。いろいろな停車場でいろいろな人が降りていき、南十字星で大半の乗客は降りて、列車にはジョバンニとカムパネルラだけが残される。物語が大きく展回する場面です。

この場面がとても印象に残っていて、私は南十字星がどうしても見たくなりました。

念願叶って、南半球のある島に旅することになったときは、わざわざ宮沢賢治全集を持っていき、南十字星を見上げながら『銀河鉄道の夜』を読んだものです。筆舌に尽くしがたい雰囲気を味わうことができました。

夜というのはこのように、いい意味でも悪い意味でも「幻想」や「妄想」が高まり、抑えきれなくなる時間帯でもあります。その感情を味わうことは、人生において豊かな時間だと思います。

夜は「深い洞察」に向いている

ポルトガルといえば、フェルナンド・ペソアを忘れるわけにはいきません。ペソアはポルトガルの国民的な詩人です。

彼の著作に『不安の書』というものがあります。この本の中で彼は、生きることを「役を演じること」ととらえ、人間はどのように生き、どのように役を演じ切るべきかを、とても深い洞察で語っています。

夜は「人間とは何か」「自分とは何か」という哲学的なことを深く考えるのに適した時間でもあります。

ペソアをはじめ、詩人の言葉というのは深いものですから、夜にこそ自分の頭に染みわたっていきます。昼間だとなかなかわからない深すぎる言葉も、夜はそのわからなさも含めてよく感じられるところがあります。

「知を得ること」を夜の日常にする

仕事で疲れた夜くらい、お酒を飲みながらゲームをしたりして、だらだら過ごしたいと考える人もいるかもしれませんね。しかし人間たるもの、ある程度の知的教養というものを身につけておかなければなりません。

すでに知的教養を十分に身につけた人が気分転換にゲームをやるのは結構なことです。

しかしまだまだ知的教養を身につけることができる人が、ようやく自由に使える夜の時間に本を読まないとなると、知的になるチャンスを逃しているようでもったいないと思います。これは、人間として生まれて、少し寂しいものがあります。

人間がほかの動物と比べて優れているのは、知的であるという点です。本を読むのは、頭の容量を大きくし、頭の中を耕すような作業です。頭を耕して、豊かな知識が育つ土壌をつくるのです。だからこそ、本を読めば読むほど、教養が育ちます。

本を読まない人の頭の中は、いつまでも荒れ地のような状態です。干からびて硬い荒れ地に知識は実りません。どんどん鍬を入れて、耕して耕して、どんな知識でも育つ状態にするのが、読書のよさです。それが人間を、より人間らしくしていくのです。

「一日１冊」で30年以内に１万冊の本が読める

少なくとも１００冊以上の本を読んだことのある人は、読書がどれだけいいものかを実感していることでしょう。

１０００冊の本を読んだ人は、読書したからこそ今の自分があると感じていると思います。読書が１万冊に達すると、明らかに読書のおかげで自分の頭がよくなっていることを感じることができます。

目標は一日1冊。すると1年で365冊の本を読むことになります。今からでも30年たたないうちに、1万冊の本を読破できる計算です。

一日1冊、コンスタントに読むのは大変なようですが、やってみると意外と読めるものです。たとえば「新書は1時間で1冊さばく」と時間を決めて読む訓練をすると、決められた時間で重要な部分は頭に入れることができるようになります。「1冊全部読み切れなくても内容がつかめていればOK」というゆるい感覚でやるのがコツです。

私自身は、学生時代に「1年に一つずつ、本棚を増やしていく」という目標を立てて読書をしていました。

大きめの本棚を持っていて、7段くらいありました。1段あたり40冊は入るでしょうから、40冊×7段と考えれば、最低でも1年に280冊は読まなければ、一つの本棚を埋めることはできません。それを毎年、続けていったのです。

これは私に限らず、「知の巨人」とも呼ばれているジャーナリストの立花隆さんもそうであったように、ある程度以上の教養を身につけようと思った場合、ある時期、本を集中して読んで、自分の頭を鍛えるという「真面目な鍛え方」をしている人が多いものです。

基本に戻って、知的な基礎体力としての読書を毎晩やろうと決めるのがよいでしょう。

夜は「偉人と二人きり」の贅沢な時間

毎晩、偉人の話を聞く、つまり偉人の本を読む時間をつくると、不思議と自分も頭がよくなってくる気がするものです。ほんの10ページ読むだけでも、自分の知的レベルが著者の偉人と同じくらいに高くなる感覚を得られます。

福沢諭吉の『学問のすすめ』は、1編を読むのに30分もかからない簡単なものです。全17編で構成されています。

これを「一日1冊」は大変ですから、「一日1編」じっくりと読んだとしましょう。全17編のうち、たった1編読んだだけでも、さすがは福沢諭吉。一つひとつの言葉に魂が込められていることが伝わります。福沢諭吉の人格がにじみ出ているわけです。

「天は人の上に人を造らず人の下に人を造らず」と言えり。されば天より人を生ずるには、万人は万人みな同じ位にして、生まれながら貴賤《きせん》上下の差別なく、万物の霊たる身と心との働きをもって天地の間にあるよろずの物を資《と》り、もって衣食住の用を達し、自由自在、互いに人の妨げをなさずしておのおの安楽にこの世を渡らしめ給うの趣意なり。されども今、広くこの人間世界を見渡すに、かしこき人あり、おろかなる人あり、貧しきもあり、富めるもあり、貴人もあり、下人もありて、その有様雲と泥《どろ》との相違あるに似たるはなんぞや。その次第はなはだ明らかなり。

『日本の名著　33　福沢諭吉』所収（中央公論社）

有名な冒頭の一節です。

「人間は、生まれたときには平等であるけれど、学問に努めるかどうかで貧富に差が出る。学問に努めるかどうかで人生が分かれる」と説いています。

そもそも人の勇力はただ読書のみによりて得べきものにあらず。読書は学問の術なり、学問は事をなすの術なり。実地に接して事に慣るるにあらざればけっして勇力を生ずべからず。

『日本の名著　33　福沢諭吉』所収（中央公論社）

この一節では、「読書そのものは学問ではなく、学問のための手段である。本当の学問とは、実際に事をなすことである」と述べています。

本を読むだけでなく、実際に自分のものにして活かさなければいけないと語っており、現代に通じるものがあります。

このように読み進めていくと、福沢諭吉に毎日話を伺っているような錯覚に陥ります。自分を相手に、1対1で話してくれている感覚に浸ることができるわけですね。

この「1対1」という感覚が重要です。夜は「1対1」の感覚に没頭しやすい、実に読書向きの時間なのです。

静かな夜のひとときに、福沢諭吉が自分に向けて、学問がいかに大切かを説いてくださる。なんて贅沢な時間なのでしょうか。

テレビの「読書番組」が読書の支えになる

それでも本を読むのが苦痛に感じる場合は、テレビ番組の助けを借りましょう。

たとえばNHKでは、「100分 de 名著」という番組が放送されています。古今東西の名著を解説してくれる番組です。

このような番組は各局で放送されていますから、録画しておき、「ほう、アドラーという人はこのようなことを言っているんだな」と慣れておいてから実際にアドラーの本を読むことで、読書のハードルは低くなります。これまで難解に感じていた古典も読みやすくなりました。このような番組の助けも借りながら、たとえば、毎日、夜を偉人の話を聞く時間にあてるわけです。

毎日毎日、実際に面と向かって偉人の話を聞くのは現実的に不可能です。すでにこの世を去ってしまった人も多くいます。その点、本は手軽ですし安上がりです。読む側に想像力さえあれば、偉人の話が、まるで目の前で話してくれているかのように、瑞々《みずみず》しく伝わってくるのです。

「音読」の勧め

本には2種類あります。「情報を得るための本」と「(人格を含めて)影響を受ける本」です。

情報を得るための本は、「ああ、そういうことなんだ」と読むだけでよいと思います。ざっと読んで大事なところをつかむだけでよいでしょう。

一方、本の中には、人格を含めて影響を受ける本というのもあります。先ほどご紹介した、福沢諭吉の『学問のすすめ』はその最たるものでしょう。『学問のすすめ』をぱらぱらと速読してもあまり意味はありません。福沢諭吉の人格を味わいながら、ゆっくりと読み進めたいものです。

前出した冒頭の続きをご紹介します。よろしければ音読してみてください。

『実語教《じつごきょう》』に、「人学ばざれば智なし、智なき者は愚人なり」とあり。されば賢人と愚人との別は学ぶと学ばざるとによりてできるものなり。

（中略）

身分重くして貴ければおのずからその家も富んで、下下《しもじも》の者より見れば及ぶべからざるようなれども、その本《もと》を尋ぬればただその人に学問の力あるとなきとによりてその相違もできたるのみにて、天より定めたる約束にあらず。諺《ことわざ》にいわく、「天は富貴を人に与えずして、これをその人の働きに与うるものなり」と。されば前にも言えるとおり、人は生まれながらにして貴賤・貧富の別なし。ただ学問を勤めて物事をよく知る者は貴人となり富人となり、無学なる者は貧人となり下人《げにん》となるなり。

『日本の名著　33　福沢諭吉』所収（中央公論社）

いかがでしょうか。福沢諭吉に思いを馳《は》せながら読むことができたでしょうか。

私は、その著者の人格を味わいたい場合には音読します。『声に出して読みたい日本語』（草思社）という本も出しているくらいの音読好きです。じっくりと噛みしめながら読み進めます。すると、読んでいて大変盛り上がります。

千日の稽古を鍛《たん》とし、万日の稽古を練《れん》とす。能々《よくよく》吟味有るべきもの也。

宮本武蔵：著、渡辺一郎：校注『五輪書』（岩波文庫）

これは『声に出して読みたい日本語』でもご紹介した、宮本武蔵の『五輪書』

の一節です。

『五輪書』は、宮本武蔵が晩年、剣の達人としての極意を1冊の本にしたためたものです。

「鍛練」という単語自体はこれより前にあったものですが、宮本武蔵はこの単語を「鍛」と「練」に分け、自分なりの意味を込めています。

音読すると、文章から受け取る重みが違います。


実際に声に出すのは面倒だという人は、自身の想像力の中で、「この著者が声に出して読んでくれている。語ってくれている」とイメージしながら読み進めてください。結果的には、本の理解が深まります。

話を聞くことならできるけれど、読書となると疲れてしまうという人は多いものです。だから「文字を読む」ことを「話を聞く」ことにいかにイメージ転換できるかが勝負です。

「文字を読む」から「話を聞く」へのイメージ転換は、私が中学生のときから実践しているものです。

私が中学校のときに初めて本格的に読んだ本は『氷川清話』。これは勝海舟が語った言葉です。勝海舟の顔をイメージし、自分の思う勝海舟の声質で読むと、大変な臨場感がありました。

坂本龍馬《りょうま》が、かつておれに、「先生はしばしば西郷の人物を賞せられるから、拙者もいって会ってくるにより添え書きをくれ」といったから、さっそく書いてやったが、その後、坂本が薩摩から帰ってきていうには、「なるほど西郷というやつは、わからぬやつだ。少しくたたけば少しく響き、大きくたたけば大きく響く。もしばかなら大きなばかで、利口なら大きな利口だろう」といったが、坂本もなかなか鑑識のあるやつだよ。

勝海舟：著、勝部真長：編『氷川清話』（角川ソフィア文庫）

エピソードの大きさが違います。このようなやり取りが幕末、実際に行われていたのです。

福沢諭吉の『福翁自伝』も、福沢諭吉自身が語っているイメージで読むと、迫力が違います。

音読は、家族などがいると少々難しい部分もありますが、何も大きな声ではっきり読む必要はありません。夜の静かな空間に自分の声で名文を読むことで、より本の世界に入り込むことができるでしょう。

心の中でつぶやくイメージでもかまいません。文字を声にするのが大切なのです。

齋藤流・新書活用法

私の場合、講義や講演、本の執筆の仕事をしている関係で、夜のうちに「次の日までに読んでおかなければいけない本」というものがあります。

そのようなときは、夜、2冊くらいの本を枕元に置いて、一気に読みます。

新書ですと、１冊30分～１時間くらいで読みます。

新書の場合、「読む」というより「吸収する」という感覚で読みます。多くの本が「情報を得るため」の本だからです。自分にとって必要な情報のみを吸収し、わかっている部分や本筋から外れている部分は読み飛ばします。

新書のいいところは、情報がちゃんと詰まっていて便利な点です。新書を書く身としては、いかに内容を凝縮してこの限られたスペースに詰め込むかを必死に考えるわけですが、いざ読む立場になると、さっと読めるわけですから、気楽なものです。

同じテーマのものを一日に何冊も読むと、どの本でも同じようなことを言っている部分も出てきます。そういう部分を読み飛ばしていくと、本を読むのがどんどん速くなります。

１冊に４～５時間かけてじっくり読むより、何冊かの本を読み飛ばしながら読み進めるほうが、結果として新しい知識の吸収量は増えます。30分～１時間の間に、集約的に自分にとって必要なところだけを読んでいくのです。

「『夜は長編小説をじっくりと読め』と言ったじゃないか」と言われそうですが、大切なのは本によってギアチェンジをするということです。

古典や長編小説はじっくりと味わい、新書のように新しい知識を吸収するような本は、さっさと読み飛ばしながら進めてしまってかまいません。

本を読むのが苦手だという人に多いのが、最初のページから最後のページまで全力で読もうとしてしまうパターンです。これでは、肩に力ばかりが入って、一向に読み進めることができません。じっくり読んだ割に、終わりのほうには最初の内容を忘れているということもあるでしょう。

一字一句、力を入れて読むのではなく、獅子が獲物を捕らえるように、ゆったりと知識をとらえて、反応して消化します。

新書が新書を呼び、深みに至る

新書を読むというのは、たいへん贅沢な行為です。私自身もこの本のように新書を書いていますが、新書を書くというのはなかなか骨の折れる行為です。

とくに、著者がライフワークとしているようなテーマについての新書の場合は、執筆時間だけでなく、著者がそれまでの研究人生に注いだ時間も、制作時間に含めてよいのではないかと思います。トップアスリートの晴れ舞台での一瞬の輝きの背景には、トレーニングに費やした長い長い時間があるのと同じです。

そうした新書を数時間で読むというのは、教養のサプリを飲む行為です。ですから、少しでも興味のある分野、または、これまでまったく触れてこなかった分野についての入口として、新書はとても優れています。

近いテーマの新書を3冊も読めば、すっかりその分野に詳しくなります。

ですからソファには、常に新書を3冊置いておくといいでしょう。そして、ソファに腰掛けたらすっと手を伸ばすのです。仮にページをめくらなくても、自分自身で関連付けた3冊のタイトルを眺めることができます。

新章で『応仁の乱』について触れましたが、これをきっかけに戦国時代に興味を持ったら、その時代について書かれた新書をもう2冊読めば、かなり知識が深まります。次の1冊は、ほかの時代の合戦についてでもいいでしょう。同じ時代の文化についてでも、武士の暮らしについてでも、同じ著者のほかの新書でも、選択は自由です。

この広げ方、深め方は人によって異なります。それが個性となります。たとえ最初の1冊が同じ『応仁の乱』であっても、そこからの深掘りは自分次第です。

そして、自らの意思で関心を広げていくと「勉強させられている」とは感じません。

むしろ、自ら学びたくなり深みを目指している状態です。

そして、深みを目指しながら新たな学びを得ることで、自分自身が楽しくなるだけでなく、その楽しさを誰かに伝えたくもなります。自然と、面白い人へとなっていくのです。

本を読み慣れていない人は太宰から読め

夜にお勧めの小説では、太宰治が大変読みやすいと思います。

太宰治は、文章での語りがとても上手な作家です。『人間失格』のような、本当に暗い話であっても、「太宰の語り」としてイメージしながら読むと、「いや、これは大変な人生だな」と感嘆します。あるいは、「いやはや、これは大変なものを聞いてしまった」というお得感があります。

「『人間失格』を読んだほうがいい」と言われると重苦しいですが、「太宰治が自分の半生を振り返って語っている場がある」と言われると、不思議と聞きに行きたくなってしまうのではないでしょうか。

太宰治にはほかにも、『饗応夫人』や『眉山』、『走れメロス』や『駈込《かけこ》み訴え』などがあり、とにかくすべてにおいて語りが上手です。

本を読み慣れていない方は、太宰治の作品集がたくさん出版されていますので、まずは短いものから読んでいくと、読み慣れてきます。たちまち、「また太宰の語りが聞きたい」という衝動に駆られることでしょう。

太宰治も暗い話ばかり書いているわけではありませんから、片っ端から読むことで新たな発見があることと思います。

本を「脳内で映像化」することでより深く味わえる

読書は想像力が大事だと述べました。とくに夜は、想像力が広がる時間帯です。小説を読んでいると、自分の頭の中でドラマ化されているような感覚になります。

私はサスペンス小説を読むのが好きです。海外のミステリーがとくに好きです。読んでいるだけで、頭の中でイメージが膨らみ、映画化されたときの理想の配役までできてしまいます。だから、いざ実際に映画化されたときに、「いや、違う。この役はこの女優ではないだろう」と違和感を持ってしまったことがあるのは私だけではないでしょう。
これは思わぬ弊害ですが、小説を読むときは自分の中で「映像化」のイメージを膨らませ、配役も勝手に決めてしまうと、とても読みやすくなります。

『百年の孤独』を少しずつ読み進める

最近話題になった小説では、ガブリエル・ガルシア＝マルケスの『百年の孤独』もお勧めです。『百年の孤独』は、20世紀の最高峰とされる小説の一つで、南米を舞台に、ある一族が村をつくり滅びるまでの１００年間を描いた大作です。

ですから、当然すぐには読み終わりません。毎晩2時間ずつ読んでも何日もかかるでしょう。もちろん、2時間読まなくてもかまいません。『百年の孤独』は10ページだけ読んで、ほかの本も読んだり映画を見たりしてもいいのです。

しかしその毎日の読書で、必ず発見があります。そして、『百年の孤独』の不思議な世界を味わってから眠りにつくことができます（ちなみに、２０２４

年発売の文庫版には「毎晩この本を10ページ読んで、南米の魔法に酔いしれよ！」という推薦文を寄稿しました）。

そして、少しずつでも読み進めれば、必ず終わりがやってきます。『百年の孤独』を読破した人は、そう多くはありません。

同じように、有名だけれど最後まで読んだ人が案外と少ないものに、２０２４年の大河ドラマでも話題になった『枕草子』があります。

これも、夜に少しずつ読み進めるのに向いています。「春は曙」で始まるところだけは原文で読むのがお勧めですが、あとは清少納言の発想の面白さに触れることを優先させ現代語訳でかまいません。光文社古典新訳文庫や、角川ソフィア文庫のビギナーズ・クラシックス日本の古典シリーズのものがいいでしょう。

大河ドラマといえば、２０２２年の『鎌倉殿の13人』では『吾妻鏡』も注目されました。これも現代語訳が角川ソフィア文庫のビギナーズ・クラシックス日本の古典シリーズから出ています。

角川ソフィア文庫のビギナーズ・クラシックス日本の古典シリーズは、原文も併記されており、読みやすいので、ほかの古典を読むときにもお勧めです。

このように、レーベルを基準に読む本を広げていくのもいい方法です。


もしも現代小説を読み慣れていないなら、岩波少年文庫から選ぶといいでしょう。子ども向けのレーベルですが、わかりやすいため、苦手意識を持たずに読みすすめることができるはずです。レーベルを頼りに読む本を決めるというのは、そのレーベルの編集者の審美眼に身を任せるということ。同じテーマの本を読む、同じ作家の本を読むのと同じように、同じレーベルの本を読むという読書の広げ方もあります。

短く完結する文章でもいい

『百年の孤独』や『枕草子』なんて長すぎる、厚さ5ミリの文庫本ですら手強い。

もしもそう感じる人がいるなら、本を1冊読み通そうなどとは思わないでください。

別に、本は読み終わらなくてもいいのです。エッセイ集のように通して読む必要のない本もあります。

たとえば、西田幾多郎の『我が子の死』は、5000文字程度の短い文章です（この本なら10ページ程度）。そこではタイトルの通り、我が子を亡くすという、多くの人はなかなか体験しない悲痛な経験が綴られています。読むと、あまりの重さに打ちのめされるような気持ちにもなるかもしれません。

その感情は、この文章を読まなければ生まれなかった感情です。

しかし、読後感は不思議と暗くはありません。この人はこれほどの体験をくぐり抜けてきたのかと感銘を受け、前を向きたくなるのです。

読むのに10分もかからない文章が、読む前にはなかった気持ちにさせてくれるのです。

私としては、こういった文章を読んでいないこと、出会っていないことに「なぜ」と思います。たった10分もかからないのに。

坂口安吾の『風と光と二十の私と』には、安吾の教員時代の思い出が綴られています。

ある子どもが友達をそそのかして万引きをさせます。安吾はそれを知り、そそのかした子もそそのかされた子も、安吾にそれを知られたことを知ります。そそのかした子は安吾に言わせると「落第生」で、その落第生は安吾に叱らないでと懇願します。すると安吾は叱らずに勘弁するのですが、代わりにその子をこう諭します。

「どうしても悪いことをせずにいられなかったら、人を使わずに、自分一人でやれ。善いことも悪いことも自分一人でやるんだ」

私はこの一節に出会うためにこのエッセイを読んだのだと思っています。それだけ私の心を動かした一節です。

さて、『我が子の死』も『風と光と二十の私と』も、青空文庫に収録されています。つまり、誰でも無料で読めます。本をたくさん出版している身としては、大人にはできるだけ本を買ってほしいとは思いますが、青空文庫にアクセスすれば、誰でもこれらの文章を読める状態にあるということです。それなのに読まずにいるのはもったいない、と心から思います。

スマホは遠ざけてタブレットを傍らに

青空文庫にアクセスするとなると、スマホを使いたくなるかもしれません。しかし、スマホは夜の時間の大敵です。次々と、一人の時間を邪魔するかのようにＬＩＮＥが届いたりＳＮＳの更新が知らされたりするからです。

ですから、私は夜はスマホを手元に置きません。代わりに使うのはiPadです。iPadは、私のような１９６０年生まれの人間にとっては、魔法の板のような存在です。こんなに軽くて薄いもので、ニュースもチェックできるし検索もできる。すっかりなくてはならない存在です。

ただ、iPadにはコミュニケーションツールは入れていません。夜の邪魔になるからです。

iPadで最もよく使うアプリはAmazon Kindleです。

私はアマゾンの、Kindle Unlimited、要するに電子書籍のサブスクサービスに加入しています。

「本は紙で読む派」の私が、なぜ電子書籍のサブスクを愛用しているかというと、次に読む本を探すためです。

気になる書籍があれば、まずはこのツールで内容をざっと確かめ、読む価値があると思ったら、ときにはそのまま読み通すこともありますが、たいていは紙を購入する、という使い方をしています。

比べると、電子書籍のほうが紙の本よりも早く読めます。

指をスライドさせるほうが紙をつまむよりも楽なので、ページを早くめくれるというのもあるのですが、最も大きいのは、向き合う姿勢のような気がします。

電子書籍を読むときは、紙の本を前にしたときの厳粛な気持ちにはなりづらいのです。気軽に手軽に、「どれどれ、まずは試しに読んでみようかな」というような気持ちで読み始めます。しかし、それが功を奏して、情報を得るための読書には向いているのです。

ですから、紙の本に仰々しさを感じ、それが苦手意識になってしまっている人は、まずは電子書籍からアプローチするといいかもしれません。その場合は、スマホではなくタブレットを使いましょう。そして、コミュニケーションツールはアンインストールにしましょう。

「私の履歴書」で、すごい人の人生を追体験する

日本経済新聞に「私の履歴書」というコーナーがあります。一人の人間の半生を語ったものですが、これが、本人が直接語っているものですから、面白いことが多いです。

一番衝撃的だったのが、田中角栄の回でした。残念ながら大政治家になる前で話は終わってしまうのですが、特筆すべきは「女」という単語の数です。おそらく「私の履歴書」というコーナー史上、一番多く「女」という単語が出てきたのではないでしょうか。

自分の初恋の人はこうだったとか、付き合った人はこうだったとか、とにかく女性の話が多い。さすがは田中角栄です。

作詞家・作曲家である小椋佳さんの回も、すべてが面白いものでした。

小椋佳さんは音楽関係の仕事をしながら、銀行に勤めていました。その時代の仕事ぶりが面白いのです。

普通、銀行員というと、なんとなく、きっちりと仕事をしているイメージがあります。しかし実際は、それどころの騒ぎではない、取引先の会社をまとめて面倒見るような覚悟のいる仕事だということが伝わってくるわけです。また、アメリカに渡って新しい金融システムを学び、日本で実践するといった、チャレンジングな仕事をしていることもわかります。

これだけでも「銀行の仕事は面白い」と引き込まれるのに、それと並行してシンガーソングライターとして活躍し、作詞作曲した「シクラメンのかほり」で日本レコード大賞を獲ってしまいます。そのようなスケールですから、人生が面白い人の「私の履歴書」を読むと、刺激になるわけです。

「私の履歴書」で取り上げられる人は、全員が業界の成功者です。

その中でも、とくに経済界の人の話を読んでいると、「あっ、このようなところでチャンスをつかむのか」とか、「このような方法で人とつながるのか」とか、「こんなにピンチのときがあったんだな」といった発見が多くあります。

経営者として成功する人は、みんなピンチの連続です。それを乗り越えて成功しているわけです。

私が読んでいて、一番刺激を受けるピンチは「戦争」の話です。現代社会にストレスが多いといっても、戦争のストレスとは比較にならないでしょう。親も死に、友人も死に、みなが次々に死んでいくという経験は想像もつきません。

そのような経験があったからこそ、戦争を経験された世代の方々は、あれだけ頑張れたのだ、と思いを馳せたりもします。

夜のゴールデンタイムの読書で「話し言葉」の深さが変わる

毎日、1時間から2時間、夜のゴールデンタイムを読書に使い、それを3か月続ける。それだけで、あなたの話し言葉は明らかに「深く」なります。

本を読んでいる人と読んでいない人とでは、話し方が歴然として違います。まず、語彙の量が全然違います。日頃から本をしっかり読んでいる人は、ボキャブラリーが着実に増えてきます。

そのため、話し方が自然と知的になってくるのです。「いつの間にそんな言い回しを覚えたの？」というくらいに変わります。同時に、話すテンポもてきぱきしてきます。

ただ日常を生きるだけなら、「かわいい」「やばい」など、感覚的な単語を5〜10語使うだけでも過ごせてしまいます。実際、ＳＮＳでもそのような単語が行き交っていますが、残念ながら、あまり知性を感じません。

語彙の少ないSNSやインターネットの世界から離れて、本の世界で膨大な語彙のシャワーを浴びましょう。


また、本をたくさん読むと「書き言葉で話せるようになる」ということも大きな特徴です。その人が話した音声をそのまま文字に起こしても、しっかりとした文章になっている。そのような話し方ができるようになるのです。

読書量が足りない人は、話した言葉をそのまま文字にすると、主語と述語の関係に大きなねじれが生じることが多くあります。「○○は」から始まった文が、「△△である」と終わることなく、新たな「××は」が入り込んでしまう。


たとえば、野球の解説者が次のような解説をしていたらどうでしょう。

「私は、今のボール、アウトコースにギリギリ入っていましたけどね。私は、今日の審判は少し厳しいですね」

この二つの「私は」はどこに行ってしまったのか、気になりますよね。

これは極端な例ですが、プレゼンでも、学生の研究発表でも、同じように「一つの文に複数の主語が入ってしまう」という例はかなりあります。

「話し言葉がそのまま書き言葉になっている」という話し方は、読書をしている人だけに可能な能力です。活字を見慣れているために、自分の言葉が活字になったところを想像できるのです。

主語と述語の関係がねじれることなく、聞き手にわかりやすく説明できます。ここをねじれた文章で話してしまう人は、読書量が足りません。複雑にものを言おうとして、結果、何も伝わってこないというのが、読書量が足りない人の話し方です。

夜の深い読書を続け、学ぶことで、こうしたことは自然に回避できるようになります。

好きな作家・翻訳家から世界を広げる

英語の本をそのまま原語で読むのはさすがに大変です。しかしありがたいことに、日本には素晴らしい翻訳家が何人もいます。

柴田元幸さんもその一人です。

柴田さんが翻訳した『ナイフ投げ師』（スティーヴン・ミルハウザー：著／白水社）はとくに素晴らしい作品です。不思議な世界観が巧みな文章で描かれています。『夜の姉妹団』という短編小説集は、夜の力を感じさせてくれます。

柴田さんの翻訳には、私のみならず、多くのファンがついています。柴田さんの訳ならば、誰が書いたどんな本でも読みたいという層です。柴田さんを追いかけているうちに、アメリカ文学全体に詳しくなってしまったという人も実際に多くいます。

好きな作家や翻訳家ができると、芋づる式にどんどん読みたい作品が増えていきます。アメリカ文学における柴田さんのような存在を見つけると、読みやすくて面白いので、本がどんどん読めてしまいます。積極的に、好きな作家や翻訳家を探していきましょう。

池澤夏樹さんも、世界文学の読み方を多く紹介しています。池澤夏樹さんが信頼できると思った人は、池澤夏樹さん経由で知った何百冊を読む。すると一気に世界が開かれていきます。

自分にとって「この人はフィットするな」というエッセイストを見たら、とにかくその人をひたすらマークする。

このような「水先案内人」は、新しい世界に踏み込むためにはやはり必要です。私にとっては、それは小林秀雄でした。

小林秀雄はとてもわかりづらい文章を書く人で、それが私にとっては変な魅力があり、取りつかれてしまいました。これは珍しい例かもしれません。

ここまで変わった案内人を探すことはありません。よりすっきりと世界を案内してくれる、あなただけの案内人を見つけてもいいかもしれません。

ほかに、私が最近好きな作家は、能町みね子さんです。能町さんのエッセイは視点が知的で刺激があります。

好きな作家、翻訳家、解説者、評論家をつくって、広げていくという時間を夜につくると、すんなりとその世界観に浸っていけます。


自分の気に入った空間に浸りながら知識を深く学べるのが、「夜読書」のよさです。

夜は完全に「自分の時間」「自分の王国」であるという喜びに満ちながら、文学の世界に浸る。これが知識の量を増やす一番の近道です。

第2章

知識が深まる夜のインプット法

テレビを流すだけで教養が身につく

私が行う「夜のインプット」の総量は、1週間あたり「本10冊、テレビ50番組、映画5～7本」といったところでしょうか。

本をじっくり読みますが、振り返ってみれば、意外と「本以外」のインプットが多いものです。

どうしても読書が苦手だという人は、テレビを見るだけでも十分なインプットができます。

テレビは、最新の流行感覚を養うために大切なものです。今、どんな物事がどれだけ流行しているのか。その「空気感」を最も伝えるメディアです。テレビを見ないと、なんとなく時代とずれてしまう感覚があります。だから私は、とくに見たい番組がないときでもテレビは常に流すようにしています。

私はテレビが好きなので、番組表を見て気になった番組は片っ端から録画して、夜に見ています。

「英雄たちの選択」や「ダーウィンが来た！」（いずれもＮＨＫ）、「新美の巨人たち（前：美の巨人たち）」（テレビ東京系）のような教養番組はもちろん、「しくじり先生 俺みたいになるな‼」（テレビ朝日系）のようなバラエティ番組も、ほとんど録画して、１・５倍速で見ています。

「美の巨人たち」は、一つの作品、１枚の絵がどのような発想でできているのか、その秘密を解き明かすという、推理小説のような素晴らしい番組でした。

なかでも、奈良の中宮寺の半跏思惟像《はんかしゆいぞう》を特集した回は印象深いものでした。

この半跏思惟像は、日本にある最も古い仏像の一つです。とても柔らかい表情が特徴です。

なぜ柔らかい表情が出せるのか。その秘密は製法にありました。

普通、仏像をつくるときは、１本の木から削り出します。それが木造彫刻というものです。

しかしこの半跏思惟像は、あらかじめいくつもの「部品」が細かくつくり込まれ、それを組み合わせるかたちで設計されています。だからこそ、曲線を自在につくることができ、柔らかい表情を宿らせることができたのです。

当時の日本にはこのような仏像は、ほかにはありません。当時としては「部品を組み合わせる」という発想は非常に新しいものでした。この半跏思惟像の美しさは、名もない仏師たちの工夫によって成り立っているということを、「美の巨人たち」によって改めて知ることができました。

深夜番組では出演者もリラックスしている

私は深夜番組も大好きです。

学生のころ、夜中にテレビを見ていると、不思議とわくわくしていたものです。夜には、わくわく感を増幅させる不思議な魔力があります。

親も寝ている。その中でただ一人、自分だけの世界。静かで、誰にも邪魔されない世界。それが夜です。

朝早くに起きても、自分一人の世界をつくれるのかもしれませんが、これからみんなが起きてきて家の中や街が動き出すとなると、やはり少しざわつきます。そもそも私は朝が苦手なので、早起きは難しい。一人だけの静かな時間を引き延ばせるのが夜なわけです。

このゴールデンタイムを、この一人きりの自由な時間をずっと引き延ばしていく。それが非常な喜びです。

深夜番組には、深夜番組独特の空気感があります。

私は一時期、「変ラボ」（日本テレビ系）という番組にレギュラー出演していたことがあります。「イルカの乳はどんな味か」とか、「野菜でつくったいかだに乗れるか」とか、「モテしぐさとはどんなものか」といったゆるい実験を行う番組です。深夜でなければできないようなゆるいテーマばかりなのですが、収録現場には非常にゆるい、「深夜だから」という空気感があり、とてもリラックスした雰囲気でした。

私が時々出演させてもらっている「全力！　脱力タイムズ」（フジテレビ系）はいかにも深夜番組らしい気楽さに満ちています。

くりぃむしちゅーの有田哲平さんがニュースキャスターになって、とことんパロディをやるのですが、夜7時台や昼間にやっていたらクレームが来そうな大人のコント番組です。

深夜というのは「大人のためのリラックス空間なんだ」と感じる瞬間です。

バカリズムさんは「夜」を大切にする芸人

数年前、芸人のバカリズムさんとテレビで共演したときに、「バカリズムさん、最近ものすごくテレビに出ていますよね」とお声がけしたところ、「いや、そうでもないですよ？　深夜番組はたしかに多いですね」と言われました。私が深夜番組好きなのでそう感じたのでしょう。

そんな夜に輝く芸人・バカリズムさんから、興味深い話を伺いました。

芸人さんはよく、仲間で連れ立って飲みにいきます。そこでいろいろな話をしながら切磋琢磨して芸を深めたり、またその飲みの場での話をネタにしたりしながら鍛え合うという文化があります。お笑いコンビ・ピースの又吉直樹さんが書かれた小説『火花』（文藝春秋）にも、その様子が描かれています。

しかしバカリズムさんは、周りの芸人仲間とはあまり飲みにいかないようなのです。「どうしてですか？」と尋ねたら、夜は一人でドラマやコントの脚本を書いているとのこと。

脚本を書くのはエネルギーがいる仕事です。バカリズムさんのように忙しい芸人さんは、一人になって集中できる時間は夜しかありません。一人の夜の時間、お酒を飲まずに執筆にあてているというのは納得できます。

情報番組も朝と夜ではまったく違う

私が「あさチャン！」のMCを務めていたのは序章でお話しした通りですが、その一方で、以前には土曜日の午後10時から放送の「情報7daysニュースキャスター」（TBS系／一時期「新・情報7daysニュースキャスター」に改題）のコメンテーターも務めていました。

どちらも同じ「情報・報道番組」というジャンルですが、やはり「情報7daysニュースキャスター」には夜の雰囲気が出ます。

土曜の午後10時ともなれば、テレビを見ている誰もがリラックスしたいと考える時間帯でしょう。たとえば、このような時間帯にムキになって討論するようなものを見たくはないのではないでしょうか。

その点、メインMCのビートたけしさんや安住紳一郎さんは、気軽な雰囲気を出すのがとても上手です。情報・報道番組でありながら、番組全体に柔らかさが出ています。

似たような情報を扱う場合でも、朝と夜では、番組の雰囲気が全然違うのです。

朝は、テレビを見ている人もみんな緊張感を持って、テキパキと動いています。だから放送する側も、テキパキと情報を伝えなければいけません。

一方、夜の視聴者はのんびりとしています。夜ならではのリラックス感というのは出演者の側にも出るものです。

夜の番組でプロの仕事術を学ぶ

夜の番組には、「プロの仕事術」に焦点を当てたものも多くあります。これを見て、次の日の仕事への意欲が掻き立てられる人も多いことでしょう。私もその一人です。

「ＥＩＧＨＴ‐ＪＡＭ（前：関ジャム　完全燃ＳＨＯＷ）」（テレビ朝日系）はよくできた番組です。

「音楽×仕事術」のような内容で、音楽に携わるプロたちがどのような考えで仕事と向き合っているかをうかがい知ることができます。

勉強になったのは、さだまさしさんの作詞の仕方です。

「精霊流し」は、１番の歌詞が暗い感じになっています。そもそも、死んだ人の霊魂を送るのが「精霊流し」ですから、暗くて当然です。しかし2番の歌詞まで暗くしすぎると、聞いてもらえなくなってしまいます。

そこで、さだまさしさんはどうしたか。

「あ」の母音から始まるか、「あ」の母音で終わる単語を多く入れたのです。「あの頃」「あなたが」のような、「あ」の母音から始まる単語。「つま弾いた」「奏いてみました」のように、「あ」の母音で終わる単語。どちらも口を大きく開けて発音しますから、明るいイメージが出ます。「なるほど」と感嘆せざるを得ません。

「プロはこうやって仕事しているんだな」ということを知るだけで、自分の仕事に活かしてみたくなったりもするものです。

眠れない夜はスポーツを見よ

誰にも眠れない夜というものはあります。モヤモヤと考え事をして眠れないこともあるでしょう。

そのようなときには、スポーツ番組を見るのがお勧めです。

私の場合、毎日1本は、スポーツの試合を見ることにしています。春と夏、甲子園で高校野球の全国大会が行われるときは、毎日、全試合をチェックします。しかしそれだと時間がかかりますので、ランナーが2塁にいくところまでは早回しをするなど、自分なりにダイジェスト編集をして見ます。負けたら終わりというトーナメントの中で、選手たちが一生懸命プレイをする姿。1塁への全力疾走、負けたら号泣する、このエネルギーの放出。高校野球は、これらに自分を重ね合わせ、自分もしっかりやらなければという気にさせてくれます。

選手が真面目に勝負している姿を見て、向上心というものをわき立たせる。それがスポーツ観戦です。

会社では、自分自身を高めるための向上心はなかなか育ちません。会社は精神的な面での柱をつくる場ではないからです。

テニスの錦織圭選手が戦う姿も感動的です。けっして大きくはない体で、5セットを戦うわけです。毎試合、体が壊れるかどうかギリギリのところで戦っています。

男子の5セットマッチは大変で、フルセットともなれば試合時間が4時間を超えることもザラにあります。それを決勝まで、連日のように試合をしますから、ある意味、サバイバル戦です。誰が棄権するかの戦いでもあるのです。

そのような過酷な試合を見ると、「モヤモヤしている自分の悩みはちっぽけなものだ。しっかり寝て明日の仕事に備えねば」と思えてきます。

「天才たちがあのように限界まで戦っているから、自分も頑張らなければ」という気持ちになるものです。

スポーツから学ぶ「精神の流れ」

サッカーの試合からは、「精神の流れ」を学ぶことができます。

サッカーは、試合終了前のギリギリ、後半のアディショナルタイムに得点が入って勝負が決まることも多い競技です。「今までの90分は何だったんだ」と思うくらいにあっけなく、しかし鮮やかに勝負が決まります。

強いチームは、負けていても最後まであきらめず、試合終了ギリギリに燃料の予備タンクを開いてアクセルを思いっきり踏み込むかのように飛ばし、そして逆転します。

サッカーで点が入るときというのはだいたい、ディフェンダーの注意不足が原因のように思えます。精神の集中が緩んだチームが点をとられ、負けてしまうのです。なぜ集中が緩んだのか、「精神の流れ」を読むのも面白いものです。そこから、日々の自分と照らし合わせて、自分にもそのような油断はないかと振り返ってみるのです。

一方、勝つチームの「精神の流れ」はとてもいい。心地いいリズムを感じることができます。勝者と敗者、両方のチームの「精神の流れ」を想像しながら試合を見ると、勝負根性がついてきます。

とくに、夜型の人は、ある意味ではルーティンワークから外れて、自分自身の実力で生きていくということでもあります。そのぶん、勝負根性がないといけません。精神的なタフさが必要です。その力を夜磨くわけですね。

テニスのスタン・ワウリンカ選手は、あるトーナメントを勝ち上がる途中、3回戦くらいまでは毎試合、相手にマッチポイントを握られていました。それでもきっちり勝ち上がり、最終的には優勝してしまいました。並外れた精神力です。本当に強い人間というのは、最後のところで踏ん張れるということでもあります。

一方、いったんはマッチポイントを握った相手の選手は、そこまで追い詰める実力がありながら、勝負弱かったともいえます。「ギリギリのところで勝負弱さが出て負けてしまって、この人はどれだけ悔しいんだろう」と想像すれば、自分の悩みなんてちっぽけなものに思えてきます。

街ブラ番組でリラックスした眠りを

「世界ふれあい街歩き」（NHK）は、ゆったりと歩く速度で世界の街を撮影し、自分が歩いているような感覚で見ることができる番組です。

そのゆったりとした、フワーッとした時間を過ごすと、どこの街の人も幸せそうに暮らしているなと、どこの人も楽しそうだなというふうに、世界中の人が楽しそうに見えます。それにより「そうか、人生というものはこのぐらいの速度でいいんだな」と思わせてくれます。

ウルグアイのモンテビデオを紹介した回では、マイペースな人々との「出会い」に癒されました。

モンテビデオはウルグアイの首都で、もちろん国内最大の都市。国の貿易を担う大きな港もある、商業の中心地です。

しかし街を歩けば、マテ茶をストローでチューチュー吸いながら歩いているご老人がいたり、街角で「入籍式」を挙げている人たちがいたりと、実にのどか。日本とは大きく違います。

私も含めて多くの日本人は、基本的にはアップテンポで日々生きていると思います。とくに忙しくはなくても、都市に住んでいるだけで、生きるリズムが不思議とアップテンポになってしまうものです。すると自分のライフスタイルに支配され、生きるための視野が狭まってしまいます。

たまにはこのような番組を見て、リラックスして眠りにつくのもよいでしょう。

セルフメディアミックスという密かな楽しみ

アニメも見ます。近年では、『鬼滅の刃』はもちろん『ブルーロック』も『葬送のフリーレン』も見ました。

たとえば『葬送のフリーレン』は、1000年以上生きている、少女（のような見た目）の魔法使いであるフリーレンが、旅を通して成長していく物語です。このアニメの存在が、アニメを見ていない人にも知られたのは2024年6月のことでした。

台湾の地下鉄で男が刃物を振り回すという事件がおきました。男は乗客によって取り押さえられ、大事にはなりませんでした。このとき、男を取り押さえた男性が報道陣に対して「勇者ヒンメルならそうした」と語ったのです。

勇者ヒンメルとは、かつてフリーレンと10年間旅を共にした登場人物のことです。ヒンメルはフリーレンに強い印象を残しており、価値判断の基準の一つが「ヒンメルならどうしたか」になっているのです。

台湾の勇者は『葬送のフリーレン』を見ていたのでしょう。アニメを見ていた人にとって、この出来事は強いインパクトを残しましたし、こうした価値観は海をわたっても同じであることを実感できました。

また、『葬送のフリーレン』は、本編だけでなくオープニングにも、アニメならではの表現が取り入れられていて、ここにも、ストーリー以外の楽しみを見いだせます。

そして、アニメならではの表現は、原作である漫画を読むことでさらに際立ちます。アニメとマンガを比較することで、それぞれの表現の工夫が見て取れるのです。

漫画とは、大雑把にいえば、静止した画像を並べ、それにセリフを付けたものです。

アニメはその静止画像と静止画像の間を想像力でつなぎ、セリフ以外の音や音楽を付け足しています。

ですから、漫画を読んでからアニメを見ると、静止画像の連続から動的なコンテンツをどうつくるかが学べますし、アニメを見てから漫画を読むと、連続的な流れからどの一瞬を切り抜くべきかがわかります。漫画が小説になると、さらに想像力や切り出しのセンスが問われます。

こうして、一人メディアミックスをすることで、それぞれの表現の違いや工夫に気付くことができ、次に新しいアニメを見たり漫画を読んだりするときには、以前よりもさらに作品を楽しめるようになっています。

そして、アニメや漫画は、だいぶ年下の学生たちとの会話の題材にもなっています。学生の中には「齋藤先生のお陰で『ブルーロック』に出会えました」

という人もいるくらいです。

サブスクの海を泳ぐには羅針盤が必要

Netflix に Amazon プライム・ビデオ、U-NEXT、Disney+ など、動画のサブスクサービスはすっかり私たちの日常に浸透しました。私も複数のサービスに加入し、もう見られないと思っていた映画、ついつい見逃してしまった映画を見ています。プラットフォームが肝いりでつくったドラマがあると聞けばそれも気になります。

ただ、サブスクの利用には注意が必要です。

サブスクは、一つを見終わると次はこれを見ませんかとレコメンドしてきます。過去の視聴の傾向を分析し、関心のあるものを選び抜いて提示してくるのです。同様の機能は YouTube にもありますが、YouTube は１本あたりが短いので、何本か見てもさほど時間はかかりません。しかし、映画ははしごをするとあっという間に朝になってしまいます。

だからこそ、今日はこれを見るという決意のようなものが必要です。私の世代にとって、映画とは、映画館で見る以外は日曜の夜にテレビで放映されるものでした。放映される映画はテレビ局が選びます。見る側に選ぶ権利はなかったということです。

しかしサブスクの場合は、見放題です。見放題ということは選び放題ということです。

その選ぶという行為をないがしろにしていると、ただなんとなく映画を眺めてしまい、なんの学びも得られないということになりかねません。

大事なのは、意思を持って選ぶこと、そしてそれ以上に、多数の映画の中から選んだものを見るのだという自覚です。

そうした自覚があれば、何かを感じたい、何かを得たいという気持ちが自然と沸き起こり、それが実際に学びにつながります。

サブスクをうまく利用するには、自分で選ぶという意識を常に持つことです。

夜の映画鑑賞は教養の宝庫

夜の映画鑑賞は、知的生産術におけるインプットという点では、貴重な刺激になります。映画自体が、知的教養という分野の一部なのかもしれません。

本を読むのが苦手な方は、映画から教養を身につけましょう。

映画は、教養のある人がつくっていることが多いものです。つまりそこには、いろいろな知的な要素が込められています。

スコット・トゥローの『推定無罪』は、映画化もされている優れた小説です。読書が苦手な人は、映画を見た後に原作を読むと、より理解が深まるでしょう。

『推定無罪』は、いってしまえば「いかに自分の不始末をごまかすか」という物語です。法廷でのやり取りがとても細かく描かれています。

何を言ってはいけなくて、どう動いたらよいのか。どこまでごまかしきれるのか。このような法廷戦術を見ていると、思考とはこのように組み立てるものなのかと感心します。

「これを言ったら危ない」「これは絶対に利益として確保しておかなければい

けない」。このような現代社会における戦い方がよくわかる小説です。『推定無罪』が気に入ったら、同じくスコット・トゥローの『立証責任』や『無罪』も味わってみましょう。この3作を読むと、「アメリカというのは法廷で勝てばいい国で、勝つことが正義。そして法廷で勝つとはどういうことか」というのが学べます。

アンドレイ・タルコフスキー監督の作品も、『惑星ソラリス』に代表されるように、映像が美しく、また知的な世界観が漂います。『惑星ソラリス』の原作となったSF小説『ソラリス』(スタニスワフ・レム)も素晴らしい作品です。知的な作品を原作と映画、セットで味わうと、夜の時間は一層充実します。

映画やドラマで「他人の人生」を体験する

私は、忙しい中でもできるだけ一日1本は映画を見ますし、海外ドラマもチェックします。毎日の限られた時間の中で映画を楽しむには、「字幕ものの映画を１・５倍速で見る」という方法をお勧めします。

吹き替えの場合、１・５倍速で見ると茶番になってしまうという悲しみがあります。字幕ではその間抜けさはあまり感じず、快適に見ることができます。そして感動的なシーンになったら、通常の速度に戻します。自分で、２時間の映画を１時間半に編集しなおすような感覚です。飛ばすところは飛ばし、いいところは通常モードです。


映画鑑賞は、いわば「他人の人生」を体験する時間です。自分の人生とはまた違う、一つの「アナザーワールド」です。

『男はつらいよ』は、典型的な「アナザーワールド」でしょう。21世紀のこの世の中、寅さんのような人はそういません。だからこそ「人生はもっとゆったりでもいいのかもしれない」とも思えます。

寅さんはいつも安定しています。見ていて安心感があります。ストーリーもなんとなく想像がつきますし、キャラクターそれぞれが「いつも通り」の役を演じているので、そわそわせず、心穏やかに見ることができます。夜の精神の安定に大変な効果があります。

昭和の空気感というものは、テンポが速すぎなくて夜の時間に合っています。『男はつらいよ』を見ると、時が止まったかのような感覚を得られます。

それにより、穏やかな眠りにつくことができます。

深夜ラジオの「言葉」の魅力

ラジオは、音声だけで状況を伝える特殊なメディアです。映像がないぶん、音声、すなわち言葉の内容は濃いものとなります。

昔、ビートたけしさんの「オールナイトニッポン」は絶大な人気を誇りました。私もその虜になった一人です。ちょうど私が高校生のころに、ラジオの深夜番組が流行しだし、完全に「夜型人間製造所」の役割を担っていました。

所ジョージさんの「オールナイトニッポン」も好きでした。「青春日記」というコーナーで所さんは、自身が1週間で何をやったかを延々語ります。ほぼそれだけで終わってしまいます。

「青春日記」のすごいところは、所さんが猛烈な勢いでしゃべり続け、話が途中であっちこっちに飛ぶのに、最終的にはしっかり本題に戻ってきて、オチがつく点です。

「これは所ジョージさん、頭いいな」と感銘を受けた私は、この力を「文脈力」という概念にまとめ、『「頭がいい」とは、文脈力である。』（KADOKAWA）という本まで出してしまいました。


「おぎやはぎのメガネびいき」も素敵なラジオ番組です。

ひとことでいうと、〝くだらない〟番組です。しかし、深夜におぎやはぎの二人のトークを聞いていると、不思議と落ち着くのです。

ある回では、小木さんが「何をかっこいいと思うか」みたいなことを話していました。「手品を見て驚かない奴はかっこ悪い」「パジャマを着て寝る女はかっこいい」とか、本当にくだらない話ばかりなのですが、思わず笑ってしまいました。

テレビとは違う、芸人さんののびのびとしたトークが聞けるのも、深夜ラジオのいいところです。口うるさく縛られていない、芸人さんの「自由な発想」を夜な夜な聞いていると、不思議と自分の発想力も鍛えられ、ある日、思わぬ化学反応を起こして新しいアイデアが思いつくこともあります。

朝刊は夜に読んでもいい

新聞の朝刊は朝読まなければならないと考えている人もいるかもしれませんが、夜、時間のあるときに読むのでも十分役立ちます。

朝は忙しくて新聞をゆっくり読んでいられないという人や、ギリギリまで寝ていたいという人は、朝刊・夕刊を、夜の時間にまとめてざっと読むことをお勧めします。

新聞はテレビをつけながらでも読めます。新聞とテレビは相性がいいのです。

新聞を読むのには、そこまで高い集中力を必要としません。テレビをつけながら、パラパラと紙面をめくって新聞を眺めていると、なんとなく、知識が入ってきます。

新聞のよさは、なんとなくの理解でいいところです。完全に理解しようとしなくてもいいのです。

ある国の名前が出てきたら、この国はこういう動きをしているんだなぁと、ぼんやり考えてみる。ある企業の名前が出てきたら、この企業はこういうことを始めるんだなぁと、ぼんやり考えてみる。このように、「ぼんやりぼんやり」インプットをするだけで、不思議と世の中の動きがつかめてきます。

また、新聞は似たような話題が何日も続きます。

外為の話なら外為の話が、安全保障の話なら安全保障の話が、何日も何日も続く。そのため、なんとなくインプットをしつづけるだけでも、その知識がだんだん積み重なってくるのです。

たとえば、自分は経済のことが弱いなと思ったら、日本経済新聞かあるいは普通の新聞の経済面でも、今まではあまり開かなかった紙面を開いてみましょう。新たな発見があります。

加えて、先に紹介したように、テレビでもいろいろな経済番組がありますので、そういうものを絡めて読むと、一気に理解が深まります。

ネットニュースで「世の中の空気感」を知る

インターネットも夜のインプット手段になります。

とくにネットニュースは、一つの記事に関連記事が紐づけられていますから、それをどんどんはしごしていくことで、ある話題についてどんどん深掘りして詳しくなることができます。

また、ニュースにはコメント欄がついているものが多くあります。これは大変面白いものです。

ひと昔前は、コメント欄に書き込むのは、いわゆる「ネットの住民」みたいな人が多く、偏った意見がかなりありました。しかし今は、あるニュースに対して数千~数万人ほどが瞬時に反応することもあります。一般の感覚がかなり反映されるようになったといえるでしょう。

コメント欄は、まず、あるニュースについての「賛成派」と「反対派」がどれくらいの割合でいるのかを見るのがポイントです。続いて、それぞれの意見の根拠となる主張をつかみます。これによって、今、世の中があるニュースについてどのように感じていて、どのような意見に賛同し、どのような意見に反発しているのかの傾向を把握することができます。

ある物事について、人々が好感を持ったり反感を抱いたりする分かれ目とは、いったいなんなのだろうと考えながらコメントを読んでいくと、「世の中の空気感」が見えてくるのです。

たとえば、芸能ニュースの場合、同じことをしても、徹底的にたたかれる人と、擁護派が多く出てくる人に分かれます。この境目はなんなのだろうと分析してみるのです。すると、「人間というのは、嘘を言った人に対して厳しくて、本当のことを言った人に対しては許すものなんだ」というのが見えてきます。

また、数あるコメントの中で、どのようなコメントが「共感」を多く獲得しているのかを見るのも勉強になります。

「共感」が少ない人は、誹謗中傷が過ぎていたり、バランス感覚が崩れたコメントをしていたりするものです。その一方で、非常に的確な書き方をしている人もいます。

たしかな情報に基づいて、たしかな視点で、バランスのとれたコメントを残している人は、「共感」を多く獲得している傾向にあります。

スポーツの試合を見た後も、そのニュースのコメント欄を読んで「そうだよなあ」と共感し、感動を増幅したり、心を落ち着けたりすることができます。

コメントを大量に読む習慣を持つと、夜に一人で過ごしている時間でありながら、「みんなはこんなふうに考えているんだな」という空気を感じることができます。

「自分の中では『これくらい別にいいんじゃないかな』と考えているものに対して、世の中の人々はものすごく厳しい」などと驚いたりもします。そのような「感覚の修正」に、私はネットニュースのコメント欄を使っています。

昨今、世の中はモラルに大変厳しくなってきています。数年前ならば笑って済まされた言動が、笑って済まされなくなっています。

その「数年前ならば」の感覚もどんどん短くなってきて、今や数か月前なら指摘されなかった言動が、炎上のもととなることも多く見受けられます。その「空気の違い」を、ニュースのコメント欄から敏感に感じることができます。その「違い」を外してしまうと、すぐに炎上してしまいます。

そのリスクを回避する方法が、コメント欄で「生の声」を読むということなのです。

「Amazonレビュー」の知的な読み方

インターネット書店（Amazon）でのレビューも、ニュースのコメント欄のように、いろいろな人の「生の声」が書き込まれているものです。

レビューには毀誉褒貶《きよほうへん》ありますが、役に立つこともたくさんあります。

レビューを次から次へと読んでいくと、だんだんとその本を読む気が起きてきて、知のモチベーションが上がります。

たとえば、柳田國男や折口信夫のような大家の著作のレビューを読むと、こんなにもこの学者が好きな人がいるのかと感動するくらいのレビューが書かれています。とても大きな刺激を得られます。

夢中になって本を読んで、素晴らしいと言っている人の話を聞くと、不思議と自分も、その本を読みたくなるものです。

また、星印などで評価するシステムも面白いものです。

同じ本なのに、５つ星のレビューと１つ星のレビューが乱立しているものがあります。不思議に思って一つひとつのレビューを精読していったら、その領域にとても詳しい人は１つ星の評価をつけていて、そんなに詳しくない人は５つ星の評価をつけていました。

つまり、入門者にとっては読みやすくて、上級者にとっては物足りない本だったということなのでしょう。

しかしそれは、読む人の用途によるものでもあります。このように一つひとつのレビューを自分で見極めて、世間の意見を汲み取る感覚を磨くのも大切なことです。

私の場合、ある作家を一度好きになると、その作家に一気にハマっていく傾向があります。

インターネット書店で、次にどの作品を読もうかと探しているとき、レビューが大変助けになります。

「この作家の代表作がこの本で、この順番で読んだほうがいいですよ」というように、読むのにお勧めの順番まで丁寧に書いてくれている人もいるのです。そのおかげでネタバレにならずに済んだりといったことも多くあります。

ジョン・ル・カレという作家がいます。スパイ小説の第一人者です。ジョン・ル・カレは非常に多作で、著作がありすぎるほどあります。たとえば、最初に代表作である『寒い国から帰ってきたスパイ』を読んだとして、その次にどの作品を読むか、とても迷うことでしょう。

そんなときにレビューが役に立ちます。名作家には名レビュアーがついています。「通」の意見を聞くのが間違いないでしょう。

「通」な読者は、ミステリーの分野に多くいます。ジョン・ル・カレにも、『ティンカー、テイラー、ソルジャー、スパイ』から始まるシリーズについて、読む順番からあらすじまで、丁寧に指導をしてくれるレビュアーがついています。

アガサ・クリスティーも大変多作で、どれを読んだらいいのか迷うところがありますが、そんなときにはレビューを読み漁ると、「通が選ぶアガサ・クリスティーの名作はこれ」という作品にたどり着きます。

普通なら『そして誰もいなくなった』とか『オリエント急行の殺人』といった定番の作品から入りがちなのですが、レビュアーの評価がとても高いのは、意外にも『春にして君を離れ』です。

私は、この高評価に誘われてこの本を読んだ一人です。

内容は、夫も子どももいる女性が一人旅に出て、その間にこれまでの人生のいろいろなことを思い返すというもの。すると、「夫は本当は私のことを愛していないのではないか」などとさまざまな疑念がわいてきて、心の中がざわざわとしてくるというストーリーです。

レビューを見ているからこそ見つかる名作というものは、確実にあります。ミステリーはとくに、読者がそれぞれ、特定の作家に入れ込んでいることが多いので、参考にしやすいのです。

レビューの世界には、非常に優秀な評論家がたくさんいるものです。そのような評論を芋づる式に読んでいくと、知識の横の広がりが出てきます。

夜は時空を超えて「面白い人」と出会う時間

夜は自分が「面白い人」になるための土壌を醸成する時間になる、ということは新章で述べた通りです。

見方を変えれば、本や映画を通して、現実的には会うことが不可能な「面白い人」と向き合い、対話をすることができます。

読書をしたり映画を見たりすることで、時空を超えて、古い時代の面白い人、現代をリードする優れた人との対面を果たすことができるからです。

たとえば、2024年発行の新しい一万円札の顔となった渋沢栄一とも対話ができます。渋沢栄一は1931年に亡くなっています。

渋沢栄一の著作で最も有名なものは『論語と算盤』でしょう。毎晩、少しずつであってもこの本を読み進めると、渋沢栄一とはどんな人物で、何をした人なのかがわかるだけではなく、自分自身について深く考えるきっかけも得られます。渋沢栄一が、己を顧みさせてくれるのです。

『論語と算盤』には、「自ら箸《はし》を取れ」という言葉が出てきます。

どういう意味なのかは、渋沢栄一自身が説明しています。

豊臣秀吉を例に挙げ、貧しい暮らしから這い上がり関白という地位にまでたどり着いたのは、決して織田信長に取り計らってもらったせいではなく、「自分で箸を取って食べた」、つまり、「自分で関白になろうとして動いた結果だ」、「何かをやり遂げようとするなら、棚からぼた餅が降ってくるのを待つのではなく、自分で箸を取らなければダメだ」、つまり「自ら動け」と語っています。

「やりたいことがあるなら自ら動け」などと主張する人は大勢います。しかし、この「自ら箸を取れ」は、まず、わかりやすい表現で印象に残ります。そしてそれを、豊臣秀吉という誰もが知っている偉人と結びつけて語るところも面白い。

さらに「そういえば自分も、自ら箸を取ったことがあるな」と思わせてくれる、自分を顧みさせてくれるのも面白いと私は思います。

この一言だけでも十分に学べましたし、自らの考え方が深まりました。

私は大学の講義で学生に、この「自ら箸を取れ」という言葉を紹介し、「自ら箸を取った経験」「箸を取らなくて後悔したこと」などを話す場を設けました。すると、多くの学生から非常に面白いエピソードが飛び出し、それもまた新たな学びになりました。

想像してみてください。夜、『論語と算盤』を読んでいて、初めて「自ら箸を取れ」という言葉に出会ったとしたら。

きっとあなたも過去を振り返り、箸を取ってよかったこと、取らずに後悔したことに思いを馳せるでしょう。

場合によっては、自分の過去に対する後ろ向きな思い込みが払拭できるかもしれません。

もしもそれができたら、時空を超えて偉人と出会い、その偉人の言葉によって新たな意味と出会えたということです。その歓びを抱え、満足して眠ることができます。

第3章

夜にはかどるアイデア発想法

インプットをもとに「知的生産」を行う

ここまでは、書籍や新聞、テレビ、ラジオ、インターネットといったあらゆるメディアからインプットして情報を仕入れ知識を深める学び方をお伝えしてきました。

本章ではいよいよアウトプット、つまり仕入れた情報をもとに「知的生産」を行う術を伝授していきます。

知的生産とは、端的にいえば「学びからアイデアを生み出す」ことです。「学び」を発展させ、より深化させる行為ともいえるでしょう。それも、レポートや原稿や記事、企画書、プレゼンテーション、勉強、授業などの生産的な活動のためにアイデアを出すことをいいます。

知的生産が「夜」と相性がいいことは、数々の偉人が証明しています。

「夜に作品を生み出した作家」といえば、オノレ・ド・バルザック。19世紀を代表するフランスの作家です。

バルザックは、夜通しコーヒーを飲みながら作品を書き続け、明け方になると少し休んで朝風呂に入り、風呂から上がると今度は校正をして、一段落したら眠るという生活を続けていました。

シュテファン・ツヴァイクが書いた伝記『バルザック』には、バルザックの夜の生活について「コーヒーを援軍として、高らかにその援軍がラッパを鳴らしてやってくる」というような描写があります。

そのような生活の中でバルザックが完成させたのが、90の長編・短編からなる小説群『人間喜劇』です。

『人間喜劇』は、登場人物が数百人存在し、ある作品の脇役が、ほかの作品では主役となるというようにして複雑に入り組んでいる壮大なワールドです。

バルザックの家に行ったことがありますが、『人間喜劇』の登場人物の関係図が壁一面に描かれていました。

夜ならではの想像力の飛躍が、ここまでの大作に一役買っていることは間違いありません。

バルザックに限らず、パリには優れた作家や芸術家が数多くいました。パリの夜には、作家や芸術家をはぐくむ豊かな土壌があったのです。

その「豊かな土壌」とは、「眠らない街である」という点です。

眠らない街といっても、新宿歌舞伎町の「眠らない」とはまったく違います。夜、学識者たち、芸術家たちがサロンに集まり、お互いの知とセンスを披露し合うあの雰囲気。サルトルが哲学を語り、ピカソが絵画を語る。そのような贅沢な知的生産の土壌が、19世紀から20世紀のパリにはあったのです。

世代を問わず、発想は夜に羽ばたく

私は大学で教職課程を受け持っている関係で、学生には「新しい授業の企画をつくるように」と課題を出すことがよくあります。たとえば、「ICT（情報通信技術）を活用して、中学生がやる気になるような授業を考えてください」

といったものです。

そういった課題をいつやるかと学生に聞いたところ、やはり夜に考えると答えた学生がほとんどでした。なぜかと聞いたら、夜のほうが面白いことが思い浮かびやすいからだと。個人差があるとはいえ、夜、発想が出る傾向にあるということがいえると思います。

昼間は、彼らにとっては授業やアルバイト、友達との用事など、やらなければいけないことがとても多く、思考が散漫になりやすいものです。しかし夜になると、昼間ほどの用事はありませんし、友達とのやり取りも少なくなります。その時間を使って、課題の企画書を書き上げるらしいのです。

発想力においては、「邪魔されない」というのが非常に大きなポイントです。いい発想を生むためには、集中できる環境を整えるということです。

そういった意味では、映画館なども、夜に近いものがあるかもしれません。ほかの人は話しかけてきませんからね。

映画館で映画を見ていると、意外に別のことを考えてしまって、映画は上の空といったことが私にはよくあります。私にとっては、夜のような空間に置かれると、どうしても発想力が羽ばたこう羽ばたこうとするようです。

これは行きすぎだとしても、「夜と発想」というのは、非常に相性がいいのだと思います。

夜は想像力が羽ばたく時間帯

私も夜にアイデアを思いつくことが多くあります。

「どうしても思いつかなければいけない」と考え詰めるというよりは、夜、その問題についてモヤッと考えていると、なんとなく「あ、これだ」と思いついたり、本を読んだりしていると、「これだ」というふうに思いついて、それをメモにとっていくというかたちです。

メモは手帳に書き込みますが、最近よく使っているのはスマートフォンのメモ機能です。たとえば次に書く原稿の内容、本のまえがきやあとがきも、思いついたらパパパッとスマートフォンにメモしておきます。

メモは単語単位でいいでしょう。スマートフォンのメモ機能では「＋」タブを押すと新しいページが開かれるものが多いと思います。

新しいページを開き、思いついた項目を単語でどんどん打っていきます。1単語ずつ改行しながら、とにかくメモをとっていきます。忘れないようにさえできていれば、メモの体裁にこだわる必要はありません。

私の場合は常時、仕事上のいろいろなことに関する発想が50ページほどのメモとして溜まっている状態です。


実際に原稿を書くわけではないけれども、内容をぼんやりと考え、発想を遊ばせておくのに、夜の時間は向いています。

昼間の仕事は夜のような「なんとなくぼやーっと考えながら進める」という仕方はなじみません。もう「これだけ終わらせなければいけない」という仕事を集中して進めるのが昼間の仕事です。

昼間は、机について集約的にやらなければいけない仕事を進めるのに向いています。

一方、夜は、机に張りついているわけではなく、緩やかにしているけれども、なんとなく生産的になる。適度にリラックスしている。そのような過ごし方がフィットしているという感覚です。

夜は想像力が羽ばたく時間帯。何もせずに、ぼーっとして寝転がって、なんとなく発想を遊ばせながら、何かを思いついたらメモをとる。みんなが寝静まり、自分だけがこの世界に飛翔しているというイメージです。せっかくの自由な時間ですから、仕事のことは考えても、仕事の悩みというのは考えないようにしましょう。

ネガティブな考えは、心を侵食していきます。仕事の悩みは翌日、会社のみんなと解決すればいいのです。一人で夜に考えを巡らせたところで、解決するものではありません。

夜はポジティブな課題に対して、発想を巡らせる時間です。たとえば、新しい企画を考えるというのは、とてもポジティブです。

企画の発想がどんどん出て止まらなくなるということが夜にはよくあります。気楽に発想を巡らせていると、一つ思いついたら「これもいいぞ」「あれもいいな」とどんどん出てきます。

発想をつなげる

出てきたアイデアでメモがいっぱいになったら、それらの中から関連する単語をつなげていくと、頭の中が整理されてより深いアイデアが出てくるようになります。

改めてアイデアの「マップ」をつくることで、脳が「考える」という行動をしている状態を目に見えるかたちにすることができます。

夜はアイデアが自由に羽ばたくものですが、自由に羽ばたきすぎた余りに、翌日振り返ってみたときに、「何を考えていたんだ」と途方に暮れてしまうこともあります。あまりにも現実離れした荒唐無稽なアイデアは、当然ながら使い物になりません。

マッピングはその危険を防ぎます。夜のうちに思いついた単語と単語を結びつけておくことによって、翌日見たときに「頭の中でこのように考えがつながっていたのか」という、考えのまとまりがつかめるようになります。

続いて、目の前に広がったマップをもとに、さらに自分の頭の中に散らばっているさまざまな情報（たとえば思いつきや印象的な出来事など）を結びつけていきます。これが「より深く、具体的に考える」という行動です。

考えるべきテーマに沿い、自らの経験知の中から使えそうなものを選んでピックアップする。それらをいったん出し切った後で、関連のありそうなものをつなげて、さらに新しい組み合わせをつくる。アイデアはこのようにして深く、強固なものになっていきます。

学びを深める知的生産には、それまでの自分にはない「新たな切り口」「新たな視点」が求められるのです。

「切り口」でふるいをかける

はじめは「新たな発想」を意識し、自分の頭の中にあるすべての情報を徹底的に洗い出してみましょう。いったん「すべてを頭の外に出す」ということが重要です。

その後で、「切り口」というふるいにかけます。「切り口」とは「どの角度から見るのか」ということでもあります。そして、残った単語と単語をつなぎあわせていきます。

切り口が斬新なものであればあるほど、それまでに組み合わされたことのない単語の組み合わせができあがるはずです。夜ならではの「斬新な切り口」を思いつくことを、自分に期待しましょう。

それまでは、頭の中でただバラバラに存在していただけのいくつかのキーワードが、一つの切り口でフィルターにかけたことで、ジャンルの壁を越えて結びつきます。それが次の発想へのヒントになります。

ここで出てきたキーワードは、一つのテーマに沿って、自分の頭の中からひねり出されたものです。どんなにバラバラな単語であっても、そこには何かしらのつながりがあるはずです。

しかし、その関係性がすぐに見えてくるとは限りません。その、自分でもあいまいな関係性を、「なぜこの単語が自分の頭から出てきたのだろうか」と探求することによって、「そうか、このような視点でつながっているんだ」と確認できます。

新しい切り口で対象を切ることにより、新たな「意味のつながり」を発見できるのです。

物事に新たなつながりを発見することこそが「知的生産」です。

夜の「知的生産」の喜び

頭の中からキーワードを洗いざらい出し尽くし、そのキーワードに新たな意味を見出してつながりを持たせていく作業は、脳の中の連携を活発にしていくということでもあります。

それまでつながりがあるとは思えなかったもの同士がつながっていくのは、大変な快感です。それが夜の「知的生産」の喜びであり、結果として質の高いアイデアを生み出します。

言語は元来、ほかの言葉とつながりやすいようにできています。名詞にしても動詞にしても、ほかの品詞に変化させることができます。

たとえば、「眠る」という動詞は、一文字替えるだけで「眠り」という名詞になります。また「眠り方」「眠る体勢」など、ほかの言葉と連結しても違和感なく、さまざまな使い方ができます。

この特性は、知的生産にも応用できます。

アイデアを生む力のある人は、新たな言葉をつくるのが得意です。言葉を上手に変化させて、すでにある言葉の組み合わせで「新鮮感」のある言葉をつくります。

キーワードを書き出し、言葉が言葉を芋づる式にひき連れてくる。知的生産の種は、このようにして見つけ出すことができます。

頭の中からキーワードを出し尽くさないまま、ちょっとした思い付きだけを頼りにアイデアをまとめようとすると、いずれ行き詰まります。

たとえば企画書を書くとき、全体の構成が見えていない状態でいきなり書き始めると、まず書いた1行の文だけからしか、次の1行の文をひねり出すことができません。これでは、すぐに行き詰まってしまうのも無理はありません。

たしかに、いきなり書き始めても次から次へと文章を書き進めることができる人も中にはいますが、それはかなりの場数を踏んで「考えること」と「書くこと」が一体化できている、ごく一部の人たちです。

作家の中にも、書き出しだけを決めて書き始め、だんだん乗ってきて、一気に書き終えてしまうという人はいます。しかしそのような作家はごくわずかで、実際は、はじめにラフな構成を立てて書いていく人のほうが多いのです。

頭の中からキーワードを出し切れず、全体のゴールが見えていない場合は、「一番書きたいことは何か」「一番伝えたいことは何か」をつかむことが重要です。

どんな作家も、映画監督も、まずはこれをおさえます。「核」がつかめなければ、「全体」を見ることもできないのです。

夜に適した「開放型」の発想法

発想の出し方には、大きく分けて二つあります。

一つは、時間制限などのプレッシャーがある中で発想していく方法です。たとえば、「3分で何か新しいものを発想してみよう」ということを、私は大学の授業でよく取り入れています。3分で新しい企画を考えてくださいと投げて、3分後に班ごとに発表させます。

これは無理やりにでも考えを巡らせますから、斬新なアイデアが出てきます。それが出てきた上で、ディスカッションをして、やがてその中で、セレクトして精錬していくというプロセスですね。

いわば「追い込み型」の発想法です。追い込んでいくことによって、どうしても絞り出さなければいけないと頭を持っていきます。アイデアが出ないということは許されないという状況をつくるわけですね。

この「追い込み型」の発想法が適しているのは昼間です。それも仲間と一緒にやることで効果が発揮されます。夜、一人で追い込むのは環境的、精神的になかなかつらいものがあります。

夜に適しているのは、もう一つの発想の出し方。

それが「開放型」の発想法です。

キーワードは「とにかく気楽に」。思いついたら儲けものというぐらいの気持ちでいいでしょう。すると、誰からも求められていないのにアイデアが出てきてしまうという状態になります。

時間制限を設ける必要はありません。「〇個思いつく」というノルマも設ける必要はありません。本を読んだり、映画を見たりしながら、ぼんやり考え事を巡らせるのもよいでしょう。

また、思いついたことは、手書きでノートに書き込みます。できれば、罫線が引かれていない真っ白なノートがよいでしょう。なんの縛りもありません。文字でも絵でも、自由に書き込みましょう。

まさに開放型。夜に飛翔するというイメージです。

「手書き」の効能

アイデアメモにスマートフォンのメモ機能を使う方法を紹介しましたが、もちろん昔ながらの「紙に書く」というメモ手段も有効です。

私もスマートフォンを手にする前は、Ａ４の紙をバインダーに挟んでおき、頭の中を整理するためにメモをとるということをやっていました。

たとえば本の構成を考えるときでしたら、紙に第１章、第２章、第３章……と書いておき、フォーマットを固めてしまってから、その穴を埋めていくという発想法です。

フォーマットという「大枠」をまず固めておくのが、最短距離でいい発想を生むポイントです。細かな修正や入れ替えは後回しにして、枠に入りそうなものをどんどん書き入れていきます。

手書きのよさは、自分の手がそのまま「発想力の最先端」となり、書けば書くほど頭が働いていいアイデアが浮かんでくる点にあります。

私の知っているアートディレクターの方も、鉛筆でとりあえず仕事をして、そして最終的に部下の方とパソコンで仕上げるのですが、最初の発想は、鉛筆で紙にやるという方が多いです。

紙に鉛筆で書くというのは、意外に発想の基本になるのかもしれません。スマートフォンでキーワードをどんどん打ち込んで溜めていくという方法と併用しながら、手書きのよさとデジタルのよさのいいとこ取りをしつつ、発想していくのが賢いやり方でしょう。

以前、あるテレビ番組で、作詞家の松本隆さんとお話をしました。

松本さんは、日本のポピュラー音楽史上に燦然《さんぜん》と輝く、偉大な方です。寺尾聰さんの「ルビーの指環」など、誰もが一度は耳にしたことのある詞を数多くつくってきました。

その松本さんも、作詞をするときは手書きだそうです。

松本さんの書く文字は味があり、歌詞カードもご自身の手書きで作成されることもあるとか。はっぴいえんどのアルバムや太田裕美さんの『手作りの画集』で、味わいのある書体での手書き歌詞を見ることができます。

あれだけの大量のヒット曲を生み出された松本さんも手書きを大切にされているということは、手が持つ魔力というものもあるように感じます。

これは決して、作詞家や作家にだけ有効な発想法ではないでしょう。

エジソンは膨大なメモを書き、発明を大量にしました。アインシュタインもメモで発想を豊かに広げました。

これからの時代、どなたでも自分の仕事で「発想」が必要な場面は訪れます。

そのときのために、発想を生み出すための自分なりのスタイルを確立していくことが重要です。

夜の特性を活かした「カオス型」発想

フォーマットという大枠を固めて、ゴールに向けてひたすら発想するのが「秩序型」だとすれば、何がどうまとまるかわからないけど、面白いことが次々に思いついてしまう、という「カオス型」の発想も夜にはよく訪れます。そのような発想をひたすら書き連ねることで、自由度はより広がります。

夢の中に近い感覚というのでしょうか。自分の脳みその中が適当につながって、得体の知れないものを生み出しているような感覚を得られます。

関連するものは、とにかく書き出す。どうまとまるかはわからなくても、とにかく書き出す。そうすることで、脳の中のつながりを紙の上で見ることができます。このときは「手書き」のほうが有効です。

脳の中は見ることができないので、目の前で補助線を引いたり、矢印を引っ張ったりしてつなげることができません。紙の上だったらできるわけです。

また、発想が発想を呼ぶというところがあります。いきなりすごい発想を連れてくるわけではなく、発想の材料を脳から紙に書き出してつなげているうちに、芋づる式に出てきます。「このアイデアもあるなら、あのアイデアもあるな」とどんどんつなげているうちに、とてつもない発想が生まれることがあります。

巨大なエネルギーでインスピレーションを能動的に引き起こす

また、まったく違う発想の形として「インスピレーション型」というのもあります。

インスパイアという言葉は、息を吹き込むというような意味があります。おそらく神様が人間に、ふっと息を吹きかけてくれて、突如インスピレーションがわいたというような、これが発想のイメージなのでしょう。

インスピレーションをどう引き起こすか。それはやはり、本を読んだりテレビを見たりして引き起こすというのが基本です。

たとえば「スーパープレゼンテーション」（ＮＨＫ）というテレビ番組がありました。世界の最先端の人々が集まりプレゼンテーションを披露するイベント（ＴＥＤカンファレンス）から、厳選して紹介する番組ですが、あるとき、２０１４年のノーベル平和賞を受賞した、インドのカイラシュ・サティーアーティさんという方がプレゼンテーションをしていました。児童労働に反対している方です。

サティーアーティさんは、怒りから発想するとおっしゃっていました。根底に「怒り」があるから、「アイデア」と「行動」が連動する。このような発想の原動力があるのかと、刺激になりました。

サティーアーティさんが戦っているものは、一つはインドのカースト制。カースト制というと、何千年の歴史がある強固な制度です。これに対して戦うというのです。

このような話を聞くと、私たちの普段の悩みはスケールが小さい気がしてきます。私たちが日々、戦う相手は、カースト制ほど大きくはありません。何千年の歴史があるカースト制度に対して、大きな怒りがあるから、戦えるわけですね。

このような巨大なエネルギーを持った人が話すのが「スーパープレゼンテーション」という番組の面白さです。このような番組を録画しておいて、夜に見ると、大変な刺激になります。

発想というものは、こんなに世の中を変えるのだということがわかります。

世界を変えるような発想に常に触れる

発想力を鍛えるには、まず発想というものがどれだけ素晴らしいかを、事あるごとに実感しないといけません。これに確信を持たないと、発想力はなかなか育ちません。

発想というものがどんなに世の中をよくするものなのかが、骨身に染みてわからないと、発想にエネルギーをかけるようにならないのです。

もう放送が終わって久しいですが、私は「プロジェクトX」（NHK）にハマっていました（2024年4月からは「新プロジェクトX～挑戦者たち～」が始まりました）。DVDもほぼ全巻持っています。

シリーズを通して私が持った感想は、「ミッション遂行の意志が発想を生む」ということです。

たとえば、天然痘を根絶させるために、日本人をリーダーとした国際プロジェクトチームの闘いを取り上げた回があります。

天然痘はかつては、人類最大の敵と恐れられた病です。アフリカやインドでものすごい数の天然痘患者が広がっていて、何千万人、何億人単位でワクチンを接種していかなければとても間に合わない。注射では時間がかかりすぎる。どうしたら効率よく、ワクチンを接種できるのか。国際プロジェクトチームはそれを、まさに「必死」に考えます。

そしてたどり着いたのが、「二又針《ふたまたばり》」という先端が二股に分かれている針にワクチン液をつけ、ぼんぼんと刺していくという超シンプルな方法です。この方法を採用したことにより、天然痘はついに根絶したのです。

天然痘根絶というミッションを遂行する強い意志が発想を生むのです。

発想力と行動力で、天然痘すら根絶できる。とても勇気をもらいました。

一つを発想するだけではなく、現実に行動に移すときも、また次の発想があります。発想が連続して、初めて事業が成せるのです。事業を成すというのは、発想と行動力の循環です。行動しながらまた発想するというのを回していくイメージです。

夜に本やテレビなどでほかの人の発想を読んだり見たりしていると、自分の抱えている課題や企画への刺激にもなるものです。

自分の発想力、発想エネルギーというのが刺激されるようなものに出会っているかどうか。今一度振り返りたいものです。

夜は発想の源である「感動」に触れる場

発想の身近な例も挙げましょう。

今では、駅に自動改札機があるのは当たり前の光景になりました。しかしほんの数十年前までは、駅員さんが切符を一枚一枚切っていましたよね。

自動改札機の開発も「プロジェクトX」にありました。試作段階で、切符を改札機に入れると中で切符が空回りしてしまうという課題をクリアできずにいた時期があります。

どうしたら、空回りさせず自動改札機から出すことができるのか。開発担当の方はそれをずっと考えていたのですが、考えすぎて疲れ果ててしまい、いったん仕事のことを忘れようと、子どもと釣りに出かけることにしました。

川に着き、川面をぼんやり眺めていると、木の葉が上流から流れてきました。木の葉は川の真ん中にある岩に当たり、岩沿いにくるりと回りながら伝って、まっすぐになって川下へと流れていきます。

そのとき、「これだ！」と開発担当者はひらめきました。

つまり、切符をまっすぐに出すには、改札機の中に何か回転する円をつくればいいということだったのです。

発想のヒントは、どこにでもあるものです。そして、「世の中はこんなに発想力に満ちていたとは」と感動します。この「感動」が大事です。

発想の源は感動にあります。心が動く瞬間、それが「発想の瞬間」なのです。

夜はいろいろな人が生み出す「感動」に触れ、発想の下地をつくりましょう。

そうすることで、自動改札機を開発した方のように、ふとした瞬間に発想が降りてきます。

発想力の基準は「お金をいただけるかどうか」

発想力が必要なのは、何も仕事に限った話ではありません。趣味にも発想力があると、人生の楽しみが広がります。

面白いｎｏｔｅ、ブログを書くというのも発想力です。

本や映画の紹介など、文学的な趣味を活かしてもいいでしょうし、好きなスポーツチームの情報を逐一チェックし、自分なりの考察を加えて発信してもいいでしょう。趣味も突き詰めていくと、世の中的に価値のあるものになります。

私はある授業で、毎週学生に「エッセイを書く」という課題を出しています。クラス全員に書いてもらい、それを全員で読むのです。

エッセイには縛りを設けます。たとえば「必ずドストエフスキーやニーチェのような大物の言葉を引用する」とか、「オチで必ず笑いをとる」といったものです。

エッセイというと大袈裟ですが、要はこれもブログのようなものです。ブログの文章も、ただなんとなく書くのではなく、どこに出しても恥ずかしくない、あわよくばお金をとるくらいの意気込みで書くと上達します。

実際に私のゼミでは、遊びですが大学生に自分たちが書いた文章について「どの文章ならお金を払って読みたいか」を投票してもらったことがあります。

今はＳＮＳが発達していますので、ｎｏｔｅやブログなどで文章を披露する機会があります。

しかし「どうせ趣味だし」「どうせ無料だし」という気持ちで、出来不出来を度外視してやっている方が多いものです。

発想力を上げるためには、その考えを捨てなければなりません。

仕事と同じくらいの緊張感を保ち、お金をいただけるくらいにクオリティを上げることが重要です。それが「発想力」を鍛えることにもつながってきます。

発想は「量」が大切

文章は発想力。発想がつまらなければ、文章をいくら連ねてもつまらないということになります。

たとえば「ファッションの工夫１００」のようなブログを立ち上げたとしましょう。自分が考えた、お金をかけずにおしゃれに見えるファッションのちょっとしたコツ100のようなものです。

大切なのは書き始めることです。すぐに5〜6個は思い浮かぶはずですから、まず書き始める。100個ネタがそろってから書き始めようと思ったら、いつまでたっても始まりません。見切り発車で立ち上げ、そして書き始めましょう。

しかし、いかんせん見切り発車ですので、15個を超えたあたりでネタは尽きてくるはずです。

発想力を問われるのはここからです。15個を超えたあたりで苦しくなる。

苦しくなると、「100って言っちゃったけど、絶対無理なんじゃないか」と弱気になってきます。まだ80個以上ネタを書かなければならない。気が遠くなるから、ブログのタイトルを変えて20くらいに減らしてしまおうかなんて考えてしまうかもしれません。

でも、ここで安易に妥協してはいけません。なんとかひねり出し続けていると、30を超えたあたりから、このくらいのコツだったらいけるなというペースが再びつかめてきます。そして60を超えると、おお、これはどんどん行けるぞという気になってくる。100になったころには、「これは300でも行けたかもしれない」と思えてきます。発想力のブレイクスルーが起こるのです。

私自身も、今でこそ著作の数が700冊以上ありますが、はじめのころは100冊を目標にしていました。

大きな目標を設定してしまえば、発想はいくらでも出るものです。たとえば『質問力』というテーマを思いつけば、それで1冊本が書けます。するとと、少しだけずらせば『コメント力』という本も書けるだろうとか、『段取り力』というテーマも書けるだろうとか、『雑談力』も書けるなとか、発想がどんどんいろいろな角度から出てくるものなのです。やればやっただけ発想は生み出しやすくなります。

音楽を例に挙げれば、モーツァルトやヴィヴァルディ、バッハの作曲した数は尋常ではありません。モーツァルトの作曲数は700を超えますし、バッハに至っては1000を超えるともいわれています。

絵画を見れば、ピカソの作品数も、生きた日数で割ると、1日1個よりも多いといわれています。これも人間業ではない。

このような人たちが人間業ではないような芸当ができるのはなぜなのかと考えれば、才能以外にやはり量が大事なのではないかと思います。あまりにも量をこなしているので、自在な発想が生まれるのではないかと考えるのです。

「7～8割のレベルの発想」を夜の習慣にする

発想というものは組み合わせですから、たくさん取り組んだ人は、それだけ次の組み合わせが増えます。そのためにも、しっかりとインプットをして、組み合わせの「分母」を増やすことをお勧めします。

組み合わせの分母が増えれば、発想は「0から1を生み出す作業」ではなく、手持ちの材料を組み合わせる、ある種の熟練工みたいになります。1万個の作品がある人は、1万1個目を生み出すのはすぐにできますが、3個しか作品がない人がもう1個つくるとなると、かなり難しいということになります。

前の項目でご紹介した、世の中で最もクリエイティブだといわれている作曲家や画家の人たちが、あんなにも大量の作品を残しているということは、量そのものに秘密があるのです。

「とにかく量が大切だ」というと、それに伴うクオリティの低下を気にする人もいるかもしれません。

私は、7割〜8割のクオリティがあれば、それでいいと考えます。9割のものを9割5分、9割5分のものを10割にする努力より、7割〜8割の新しい作品をつくり続けるほうが、発想力という観点では広がるという考え方です。

7割〜8割のレベルでよいので考え続けることを夜の習慣にする。すると達成感とともに深い眠りにつくことができます。そして、発想力も広がります。

このとき、質は問わないというのが大事なところです。

夜は集中に必要な時間が長くとれる

アイデアを生み出そうと思っても、いざ始めるときにはなかなか気分が乗らないものです。企画書やレポートの作成になかなか取り掛かれない人も多いことでしょう。

何かの仕事を始めるときには、あまり考える必要のない作業から始めるのがよいとされています。いきなり考えなければいけない仕事から始めると、その大変さが先々まで見えてしまって、億劫になってしまうからです。

集中にはウオーミングアップが必要です。頭も、車のエンジンと同じく、温まるまでには予想以上に時間がかかります。ウオーミングアップの時間も「発想のために必要な時間」と割り切ることが大切です。

とくに夜の場合は、この時間がとりやすいという利点があります。

たとえば、レポートを書くために夜、時間をとったとします。

先ほども述べたように、文章を書くには、書き始める前に事前に構想を練らなければなりません。これはとても時間がかかり、疲れる作業です。

慣れないうちは、構想に2時間ほどの時間がかかってしまうこともあります。そうして1時間、なんとか原稿を進めて、また2時間くらい悩む。そしてまた、1時間くらい書き進む。

しかし、「1時間書いて、2時間悩んで」のペースが続くと、「もしかしたら自分は、文章を書き進めるための集中力が足りないのではないか」とイライラしたりするかもしれません。

でも、焦ることはありません。じれたり落ち込んだりするのではなく、はじめから休む時間を定めて、「1日2時間はこのレポートと向き合う」と決めてしまいましょう。

悩んだり、疲れて休んだりする時間をあらかじめ「必要な時間」として、計算に入れておくのです。

100メートル走の選手も、その100メートルを9秒～10秒で走り抜けるために、膨大なトレーニングと準備をします。本当に集中し、陽の目を浴びるのは10秒間ですが、「本番」以上に「本番ではない時間」に競技人生の大半を注いでいます。

集中してアイデアを生み出す作業も、これと同じことです。集中に深く入るためには、その何倍もの時間が必要だと割り切ってしまうのです。

長い時間、同じ集中力の深さで仕事をしようと思わず、いったん集中したら、その集中をできるだけ途切れさせないようにする方法を考えましょう。

以前、明石家さんまさんが司会をしている「さんまの東大方程式」（フジテレビ系）という番組で、東大生が「5分間だけ勉強法」を勧めていました。

これは、「とにかく5分間だけやる」というやり方です。もう少しやりたくなったら、もう5分やる。

勉強はスタートが一番やっかいなのです。5分だと思えばとりかかりやすくなります。実に共感しました。

仕事が進まない状態にイライラし出すと、気持ちばかりがはやり、さらに集中できなくなってしまいます。そうならないように自分をコントロールしていく必要があります。

「外の世界」を遮断する

作家のスティーヴン・キングは、原稿を書くときには部屋のドアをすべて締め切り、電話もファックスもすべてシャットアウトして、原稿に集中していたと、自著で語っています。

> なるべくなら、書斎に電話はない方がいい。テレビやビデオゲームなど、暇潰しの道具は論外である。窓はカーテンを引き、あるいは、ブラインドを降ろす。（中略）作家すべてに言えることだが、特に新人は気が散るものを一切排除すべきである。
>
> スティーヴン・キング：著、池央耿：訳『小説作法』（アーティストハウス）

このように、「外の世界」を一切遮断するというのは、集中するための有効な方法です。

現代はとくに、スマートフォンの誘惑はとても強力です。せっかく集中に入っているときにＬＩＮＥの相手をしたりしてしまうと、集中が飛んでしまったり、アイデアが消えてしまったりします。「せっかく集中していたところだったのに」とがっかりした経験は、あなたにもあるでしょう。

夜、集中した状態に入るためには、部屋に閉じこもり、人に会わず、電話にも出ず、ＳＮＳにも参加しない状態をつくるのが望ましいといえます。これにより、夜の知的生産の時間をプロテクトすることができます。

集中することを習慣にできれば、多少周りが騒がしい状態でも、集中のゾーンに入ることができるようになります。

アインシュタインは、ゆりかごを足で揺らして子どもをあやしながら、乳母車を机代わりにして研究をしていたそうです。

そのような不安定な状態でも集中できるようになったのは、若いころに集中するための訓練を多く積み、周りがどんな状態でも「外界を遮断する」という状態に自分の中で持っていけたためです。
いきなりアインシュタイン級の集中力を身につけるのは難しいかもしれませんが、夜という比較的集中しやすい時間帯に訓練を積んでおくと、昼間の騒がしい中でも集中力を高めることが可能になります。

私はゾーンに入るために、気に入った音楽をひたすら繰り返し聴きます。マーク・アンソニーの『Vivir Mi Vida』は陽気な音楽で、ワントラックリピートしているとだんだんご機嫌になってきます。スティーヴ・スティーヴンスの『Flamenco. A. Go. Go』も、だんだん発想が乗ってきます。
このように音楽の力を借りるのも有効な方法です。

アウトプットは「最大2時間」。それ以上はやらない

アウトプットにかける時間は、最大2時間に設定しましょう。楽しいからと

5時間、6時間かけていては、寝る時間がなくなってしまいます。睡眠時間はしっかり確保しなければいけません。

私は1コマ1時間半と設定して仕事をしています。サボる時間も考えると、2時間が妥当なところでしょう。時間は時計ではなくストップウォッチで測ります。100分の1秒単位で進んでいく時間を目にしますから、集中力が増します。

この夜の2時間をゴールデンタイムとして、課題をこなしたり作品をつくったりするなど、発想のアウトプットの時間にします。夜の2時間を、自分のクリエイティブな時間にするというのが、夜型知的生産術の鍵になります。

この2時間は、「夜の知的生産の高速道路」です。信号もなく、自分だけの高速道路ですから渋滞もない。なんの邪魔もない高速道路です。この時間を、とにかく作品づくりに集中しましょう。

私の場合、子どもが小さいころにも、いろいろな論文を書き、本を出すという生活をしていました。子どもが夜10時くらいにおとなしくなって寝て、ようやく集中できる時間帯になると、ファミレスに行って2時間、集中して原稿を書き、午前0時ごろに家に帰ってくるという生活を続けていたのです。

その午後10時から午前0時までの「ファミレスタイム」が、自分にとっての「知的生産の時間」になっていました。

どうも家で集中できない、という人は、ファミレスなどの場所に駆け込むのも一つの手でしょう。ファミレスは意外と仕事がはかどる場所です。

締め切りの「前倒し」で集中力はより高まる

知的生産は、「締め切り」がないとなかなか進まないものです。

「仕上げるのはいつでもいいや」というものは、なかなか取り掛かることができず、結果としてうやむやに終わってしまうことも少なくありません。

集中した知的生産を行うためには、締め切りがなかったり、かなり先でもいいようなものだったりについては、自分で厳しめの締め切りを設けてしまうという方法があります。

いわば、「締め切り前倒し主義」です。

光ファイバーを使った大型ディスプレイを開発した原丈人《はらじょうじ》さんは、会社の資金が底をつきそうになったとき、一か八かの策として、ディズニー・プロダクションに売り込みに行き、納期を前倒しして信頼を勝ち取り、窮地を乗り切ったといいます。

どんなものにも締め切りを設定する。これによって、集中力を極限まで高めることができるのです。

「自分ベスト」で感性を鍛える

感性を磨くためには、「自分ベスト」を世の中に発信するのが有効です。

たとえば、「私のお勧め映画ベスト50」を、ｎｏｔｅやブログで発信するのです。

「ベスト10」ならすぐに決まるという人も、「ベスト50」となるとなかなか難しいでしょう。はっきりと覚えている映画が25本くらいだったとしたら、残りの25本を発信するために、映画館やDVD、配信サービスで映画を見なければいけません。

そうしているうちに、自然とインプットの量が増え、その中身も徐々に洗練されていきます。


ベスト10でなくても、ベスト3くらいでも、絞り込むのにいろいろ考えて面白いものです。私はよく週刊誌で、「自分が見たいと思う俳優を、男女それぞれ3人ずつ挙げてください」といった依頼を受けることがあります。まさに「自分ベスト」を発表しなければいけない状況がよくあるのです。

これはなかなか考えさせられるものです。アンケートを提出した後でも、「あぁ、やっぱり長谷川博己を入れるべきだったかな」とか「森山未來をなぜ入れなかったんだ」など、なお考えます。それで、自分の中で「自分ベスト」を組み直したりもします。それはなかなか楽しいものです。

夜に有効な「視点」を増やすトレーニング

知的生産は、当然のことながら「知性」が伴う作業です。

では、知性とはなんでしょうか。

それは、決めつけや思い込みに縛られず、視点を自由に移動できることです。

たった一つの視点で「これはこうだ」と決めつけて、その囚われに支配されている人は、残念ながら「知性がない人」ということになります。

ある視点から見るとこちらが正しく、向こうが間違っているように感じるかもしれないけれど、見方を変えると向こうが正しく、こちらが間違っているようにも見える。このように、いろいろな視点で物事を考えることができる人が「知性のある人」です。

この「視点」を増やすトレーニングをし、知的生産の質を高めるのも、夜の時間の有用な使い方です。

視点を増やすためには、思い込みや先入観から抜け出すことです。

オーストリアの哲学者フッサールは、このことを「括弧に入れる」と表現しています。ある物事を、「これだから最近の若者は……」などと一般論化せず、そのままの状態で保存しておくのです。

一般論に当てはめるのは簡単です。しかしそれでは、思考がそれ以上進みません。一般論に逃げず、現象をそのままとらえるのです。

画家が絵を描くときには、これと同じような考え方をしています。目の前に見えるものを一つひとつ、丁寧に描くために先入観を「括弧」に入れているのです。

たとえば、目の前にリンゴがあったとします。

画家はこれを描くとき、まず「リンゴ」という概念を捨て、その物体の存在そのものを見ます。

セザンヌはリンゴにこだわり、リンゴの絵を60点以上描いています。「リンゴ一つでパリを驚かせたい」と口にしていました。

「リンゴ」と一口にいっても、一つひとつの形も違えば、色も手触りも違います。しかし多くの人は、リンゴを描くとき、「リンゴとはこういうものだ」という頭の中のイメージを頼りに描いてしまいます。だから、誰が描いても同じようなリンゴの絵ができあがってしまいます。でも、そのようなリンゴは、現実にはありません。

私たちは、自分たち人間の顔を細かく認識する力を持っています。何万人がいたとしても、この人とこの人は別人だと判別することができます。

しかしながら、リンゴについては、なんとなくリンゴ一般として見がちです。「リンゴとはこういうもの」という一般論に縛られているために、目の前のリンゴを正しくとらえることができなくなっているのです。

夜の時間こそ、昼間の「一般論」を捨てて、ありのままを見つめる訓練をしてみるのもよい時間です。

「もしも……だったら」という妄想を夜に膨らませる

夜は妄想が膨らむものです。その妄想を思いっきり広げるのも、知的生産をする上では重要なことです。

「もしも世の中からこれがなくなったらどうなるだろう」とか、「こんなものがあったら便利なのに」というように、現実の世界に「想像」で変更を加えることによって、本質が見えてきやすくなります。


これもフッサールが使っていた「想像的変更」という技です。

たとえば、「机」という家具について、「何をもって机というのか」を考えてみます。机の定義や本質を考えてみるのです。

机とは、平面な板を4本の脚で支えているもの……本当にそうでしょうか。丸い板を、1本の脚で支えている机もあります。長い机は、脚が6本だったり8本だったりもします。

「平面な板を4本の脚で支えているもの」という定義は極めて常識的ですが、それは一般論に毒された思い込みであるともいえるのです。

小説や映画の主人公が男性だったときに、「もしもこの主人公が女性だったら」と考えるのもいいでしょう。

主人公の性別が変われば、もちろん物語の展開はガラッと変わります。それを想像してみるのです。

すると、ある条件を変えただけで、ほかのことまで連鎖して変わってくることが多いということに気づきます。

たった一つの変更によって、まったく別の世界が広がります。こうして妄想の世界に浸るのも面白いでしょう。そしてそれが自身の発想力の向上にもつながります。

「○○は△△である」と決めてから考える

今度は逆に、「○○は△△である」という命題を定めてから発想を広げてみましょう。

命題を立てて言い切ることにより、「その命題を証明するためにはどうすればいいのか」と考えるようになり、発想を広げるドライブになります。

夜の発想力は、一つの「束縛」を加えることにより、かえって爆発的に広がるものでもあります。

「○○は」というのはとても便利な言葉です。「○○は△△である」といったとき、○○と△△は完全なるイコールでなくてもよいのです。

たとえば、「人間は必ず死ぬものである」といっても、必ず死ぬのは人間だけではありません。また、人間は必ず死ぬことだけが特徴でもありません。

しかし、「死を先取りして、死を意識しながら生きる存在」ということになると、人間に特徴的なことに思えてきます。すると、人間は「時間的な存在」といえます。これが、ハイデガーの『存在と時間』の発想です。

「勘違い」もアイデアである

アイデアを出すときには、勘違いを利用することもできます。

見間違い、聞き間違い、読み間違いは立派な「発想」の種です。完璧な誤解が、新たなアイデアとなってかたちになることもあるのです。

ある曲の歌詞や、本のタイトルを間違えて覚えていて赤面した経験があなたにもあるでしょう。しかしそれは、裏を返せば、まったく新しい歌詞をつくっていたり、まったく新しい本のタイトルを開発していたりするのと同じことなのです。

この現象をより大きくとらえると、自分が知らず知らずのうちにかけているバイアスも、発想のヒントとなるということです。

物事について、自分なりの偏った考え方で見ていたり、話を聞いていたりする癖のある人は、常に色眼鏡をかけて物を見ているようなものです。

しかしその色眼鏡がほかの人間との違いを生み、ユニークな発想につながることもあるのです。

太宰治は、非常にプライドが高く、強い自己愛と羞恥心を持っていたようです。道化のような態度は、自己嫌悪を伴う羞恥心の裏返しだったのです。

しかし彼は、その内面を自覚していました。そしてその内面を意識的に拡大させることによって、独自の文学を生み出していったのです。

太宰の色眼鏡は、色の濃いものでした。何を見ても、強烈な色がついて見える。彼はその色眼鏡を生涯磨き、創作に活かしました。

イエス・キリストと、彼を裏切って死なせてしまうユダ。太宰はこの２人の関係を、裏切り者であるユダを主人公として描きました。それが『駈込み訴え』という作品です。

太宰は、ユダが抱くイエスに対する愛憎の心理を次のようにつづっています。

あの人は、どうせ死ぬのだ。ほかの人の手で、下役たちに引き渡すよりは、私が、それを為《な》そう。きょうまで私の、あの人に捧げた一すじなる愛情の、これが最後の挨拶《あいさつ》だ。私の義務です。私があの人を売ってやる。つらい立場だ。誰がこの私のひたむきの愛の行為を、正当に理解してくれることか。いや、誰に理解されなくてもいいのだ。私の愛は純粋の愛だ。人に理解してもらう為《ため》の愛では無い。そんなさもしい愛では無いのだ。私は永遠に、人の憎しみを買うだろう。けれども、この純粋の愛の貪欲のまえには、どんな刑罰も、どんな地獄の業火《ごうか》も問題でない。私は私の生き方を生き抜く。身震いするほどに固く決意しました。

太宰治『走れメロス』所収（新潮文庫）

そして、イエスが「私を裏切る者がいる」とつぶやくことで有名な「最後の晩餐」の場面は、次のように描かれています。

ひどく物憂《ものう》そうな口調で言って、音無しく食事を始め、ふっと、「おまえたちのうちの、一人が、私を売る」と顔を伏せ、呻《うめ》くような、歔欷《きょき》なさるような苦しげの声で言い出したので、弟子たちすべて、のけぞらんばかりに驚き、一斉に席を蹴って立ち、あの人のまわりに集っておのおの、主よ、私のことですか、主よ、それは私のことですかと、罵《ののし》り騒ぎ、あの人は死ぬる人のように幽《かす》かに首を振り、「私がいま、その人に一つまみのパンを与えます。その人は、ずいぶん不仕合せな男なのです。ほんとうに、その人は、生れて来なかったほうが、よかった」と意外にはっきりした語調で言って、一つまみのパンをとり腕をのばし、あやまたず私の口にひたと押し当てました。私も、もうすでに度胸がついていたのだ。恥じるよりは憎んだ。あの人の今更ながらの意地悪さを憎んだ。

太宰治『走れメロス』所収（新潮文庫）

「生れて来なかったほうが、よかった」。この言葉を言われるユダに、おそらく太宰は自分自身を投影していたのでしょう。

同じ物事でも、人によって見え方はまったく違います。その色眼鏡が強烈であればあるほど、誰にもまねできないその人固有の発想となります。

夜の発想で陥りがちな抽象さを「具体例」に置き換える練習

夜の発想で陥りがちなのが、「具体性に欠ける」というものです。

「なんとなくよさそう」とか「面白いんじゃないかな」ということは思いついても、それを具体的にどのように実現させればいいのか、どのようにかたちにすればいいのかまでは見えていないことが多いのです。

これは、「読解力が足りていない受験生」と同じような状態です。

国語の入試問題によくあるのが、難解な文章に傍線が引いてあり、「この部分をわかりやすく説明せよ」という設問です。

抽象度の高い文章を読み、その内容を簡潔に言い換え、具体的に説明する力が、すなわち「読解力」ということになります。これが具体的に説明できなければ、その文章を理解していないということになります。

受験生の読解力を試すのには、このような問題が最適なのです。

この力をつけるには、日頃から、「ある問題」を「別のできごと」に置き換えてみることが重要になります。

「○○という問題は、つまりはこういうことである」という説明ができるよう、日頃からいろいろな話題を身近なものでたとえてみるのです。

「抽象的な言葉」を「具体例」に置き換える力を身につけるということです。言葉を抽象的なものから具体的なものに置き換える力がないと、世の中のあいまいなものがいつまでたってもあいまいなまま、何も見えていない状態となります。これは非常に気持ちの悪い状態です。世の中のさまざまな事象を自分の言葉で説明できてこそ、生きている幸せを感じるものです。

誰かと話しているときでも、「それはたとえば、このようなことですか」と自ら具体例を挙げて確認することで、「ああこの人は知的な人だな」と相手に思わせることができます。

夜は、一日を振り返りながら、いずれ使える「具体例」を整理する時間にあてるのもよいでしょう。

「メイキング」に思いを馳せる

私は、映画の本編を見るのも好きですが、メイキングの映像を見たり、話を聞いたりするのも大好きです。

天才的な作家や監督は、必ず「工夫」をします。本編を見るだけでは、さりげなさすぎて気づかないような工夫です。メイキングを見ることで初めて、「ああ、だからこんなにも素晴らしい映像が撮れたんだ」と感嘆することも少なくありません。

「超人的な発想」は天才にしかできないものかもしれませんが、「工夫」ならば誰でもできます。

「天才の技」というととても大げさで、とても私たち凡人には手の届かないもののように思えますが、実は天才の技こそ、私たちがまねしやすいものです。

天才は、自分の仕事についてとてもよく考えています。工夫によって生み出される技は、とても効率的で、わかりやすく、無駄がありません。そして何よりも、大きな成果をあげます。

最も身近な「メイキング」は伝記です。日本では子どもの読み物とされている伝記ですが、欧米では大人の読み物として認識されています。

伝記は、天才がどのようにして偉大な功績を成し遂げたのか、主に「工夫」にスポットライトを当てて書かれています。

天才たちの問題意識、苦悩、そして工夫は、自分が知的生産を行うためのヒントにもなります。

また「あれほどの天才がこんなに苦しんで考えたのだから、自分も力を注いで考えなければ」というモチベーションにもなります。

天才であればあるほど、成功への道筋はクリアです。そのドラマに思いを馳せると、知的生産への意欲がわいてきます。

「身体感覚」に敏感になる

また、知的生産を行うときには、体のセンスを研ぎ澄ますことも必要です。

「なんかこのアイデアはしっくり来ないな」というとき、身体感覚全体で違和感を覚えていることがあるのです。

カウンセリングの専門家であるジェンドリン博士は、自分自身で心の実感に触れる方法として「フォーカシング」という技法を開発しました。

これは、体の感覚を手掛かりとして、心の問題点を探っていく方法です。言葉以上に、身体感覚のほうが、問題の本質をとらえており、身体のほうが問題を先に感じ取っているというわけです。「なんか変だな」「ちょっとおかしいな」「しっくりこないな」という感覚を大切にすることが重要だということです。

日本語には昔から「腹に据えかねる」「腑に落ちない」「胸に刻む」といった言葉があります。いずれも、身体感覚と結びついた言葉であることがおわかりいただけるでしょう。

実際に、納得すると「腑に落ちる」ように、内臓が落ち着くような感覚を得られます。

「腹に据えかねる」は、腹の中に収まりきらない怒り。この言葉も身体感覚とマッチして、言い得て妙です。

アイデアに関しては、たとえば「アイデアを考える」では、まだ身体感覚とリンクしきれていないところがあります。ただ考えるのではなく、練ったり、煮つめたりする感覚が大切です。

「アイデアを練る」とは、自分の身体に何が起こっている状態なのか。「アイデアを煮詰める」はどうか。自分の身体の反応を繊細に感じ取り、明確にイメージとして持つことが大切です。

研ぎ澄まされた身体感覚は、考える作業にとても役立ちます。

身体感覚を手掛かりに考えられない人は、ずれた感覚や違和感に気づきにくいところがあります。

「考え尽くした。これですっきりした」という感覚に至る前に、適当なところで考えるのをやめてしまいがちなのです。

一方、身体感覚と知的生産とを結びつけて考えられる人は、そのアイデアが完全に腑に落ちるまで、考え続けることができます。「まだ、もうちょっと何かが足りないんだよな」とか、「どうもまだ終わった気がしない」という感覚は、知的活動にとってとても重要な感覚なのです。

第4章

静かな夜が「精神」を充実させる

夜は「精神」を充実させる場

夜の静かな時間は、精神を充実させて、ぶれない自分の「柱」をつくるのに適した時間でもあります。

私の場合、仕事を終えたらサウナやマッサージに行き、肉体的な疲れを癒した後、「ここからは夜。自分のための時間」と切り替えて、本を読んだり映画を見たりという「夜の学び」の活動に入ります。

こうすることで、昼間の仕事で生まれたモヤモヤやネガティブな気持ちを意識的に遮断することができるのです。

知的教養を高め、精神を豊かにしておくと、心理的な問題が軽くなります。余計な苛立ちや心配事に振り回されることが少なくなります。

「心」と「精神」はまったく別物だと私は考えています。「心」は日々移り変わる天気のように不安定なもの。「精神」はもっと安定したものです。

それなのに現代人は、精神力が弱くなったために、ほとんど心で処理しようとしてしまう。そのために心理的な問題が大きくなってしまって、いっぱいいっぱいの状態で生きています。

「今日の気分をどうするか」を気にするあまりに、息の浅い生き方になってしまっているのです。

精神が充実しているかどうかというのは、言い換えれば、精神文化を継承しているかどうかということです。

仏教は一つの精神文化

たとえば仏教は、一つの精神文化です。

千利休は、茶の湯で悟りの道に至ろうとしたわけですね。そこまで修行している人は、「切腹だ」と言われたら「そうですか」と言って腹を十文字に切ってしまうくらいですから、覚悟というものができているのです。

それは仏教の悟りを茶の湯の道で大成するということで、そういう文化ができてきます。その文化を身につけた人は、精神力があるということになります。

キリスト教も、教徒に精神力をもたらしています。何か困ったときに、イエスのことを考えて十字を切ったりすると、勇気がわくというのも一つの精神力です。

精神力とは、精神文化をどう継承したかということで、単に「やる気がある」とか、「根気がある」などの気質的な問題とは別次元のものです。

日本の武士は、すべからく精神力がありました。それはなぜかというと、武士道という精神文化を共有していたからです。一人ひとり気質はいろいろ、憶病だったり軟弱だったり、いろいろな人がいたと思いますが、武士の精神はそういう個人的気質ではないということですね。

精神というのは、仏教の精神にしても、キリスト教の精神にしても、武士の精神にしても、個人的なものではなく、日々変わるものでもない、安定したものなのです。

「昨日なら武士の精神があったから切腹できたけど、今日はちょっと……」という武士道精神はありません。時代を超えて、自分という個人の枠も超えて共有されている、安定感のあるものが精神なのです。

「心」の問題は放置し、「精神」に目を向ける

精神は、その精神文化を継承している書物を徹底的に、身につくまで読み込むことで充実させることができます。

たとえば『論語』を、覚えるくらいに何度も何度も読み込む。すると自分の中に、『論語』の言葉が根付きます。孔子が自分の中に生きているという感覚を得られます。孔子の精神、儒教の精神というものが、仁、義、礼、智が重要だとか、智、仁、勇が大事だとか、そういうことが身についてしまうわけです。

智、仁、勇が大事だという精神を継承している人は、自分の個人的な問題で煩わされることが少ない。武士なども、自分の個人的な問題では悩みません。

当時は自分の命でさえも個人的な問題とされていましたから、場合によっては切腹と言われれば、「はい、そうですか」と応じなさいというのが『葉隠』

という本には書かれています。武士はみな、死を覚悟した生き方をしていたのです。

このような精神文化というものを身につけるには、心と分けて考えることです。心は天気のように毎日移り変わる個人的なものとして考えるのです。人の心と自分の心は違いますし、昨日の心と今日の心も違います。このような不安定なものにかかずらう時間を減らすということです。自分の心にかかずらうなということです。

勝海舟は、精神力を夜鍛えました。座禅と剣術を駆使して、幕末の難局を乗り切ったのです。その鍛錬はこうです。

いつもまず拝殿の礎石に腰をかけて、瞑目《めいもく》沈思、心胆を練磨し、しかる後、立って木剣を振りまわし、更にまた元の礎石に腰をかけて心身を練磨し、また立って木剣を振りまわし、こういうふうに夜明けまで五、六回もやって、それから帰ってすぐに朝げいこをやり、夕方になると、また王子権現へ出かけて、一日も怠らなかった。

始めは深更にただ一人、樹木が森々と茂っている社内にあるのだから、なんとなく心が臆《おく》して、風の音がすさまじく聞こえ、覚えず身の毛が立って、今にも大木が頭の上に倒れかかるように思われたが、修業の積むに従うて、しだいになれてきて、後にはかえって寂しい中に趣があるように思われた。

勝海舟：著、勝部真長：編『氷川清話』（角川ソフィア文庫）

夜は精神の集中力を増してくれる貴重な時間なのです。

偉人が持つ「精神の力」

精神を安定させた人は、個人的な心の問題は気にしません。

福沢諭吉や先述した勝海舟の悩みは、誰も聞いたことがないでしょう。吉田松陰に至っては、江戸の牢屋に入れられても「ここの牢は、お湯まで出してくれていい牢だ」なんて呑気な言葉を残しているくらいですから、達観しているわけです。

そして、「いやぁこの牢は本当に居心地がいいなぁ」と牢獄生活を楽しんでいるところで、また萩に戻されて、今度は野山獄に入れられてしまうのですが、今度はそこで授業を始めてしまうような、そういう人間です。

吉田松陰の手紙を読むと、彼は20代の半分ぐらいを牢獄で過ごしています。それなのに、機嫌よく暮らしています。どうにかして、意義のあること、やりがいのあることをして死にたいと言っています。

吉田松陰にとっては、個人的な心の問題はどうでもいいことなのです。彼が気にしているのは、「私」ではなく、日本という国がこのままで大丈夫なのかということです。「公」しか気にせず、志に生きているのです。

志は精神の分野です。何かをやり遂げたいという志を持つのは、心の問題ではありません。志がある人は、あまり個人的な問題に長くかかずらわないのです。

しかし、志がなく、精神の柱ができていない人は、「昨日あの人にあれを言われて、本当にむかついている」とか、そんな小さなことをずっと気にしてしまいます。

現代人は、自由なように見えますけど、心の問題やその煩わしさから解き放たれていないのです。悩み事ばかり抱え、それが心を蝕んでいます。

「夜の考え事」は無駄である

夜の時間は、雑多な心の迷いをぼんやり考える時間ではありません。

孔子も、「学ぶ」ということをいろいろ探求する中で、「一日中考え事をする」というのはどういうことかを試してみたことがあったそうです。孔子がするのですから、相当な考え事です。おそらく、その後2500年生きた膨大な人類の中で、最も質の高い考え事でしょう。

しかし孔子は、「考え事をしても、ほとんど何も得ることがなかった。やはり学ぶほうがいい」と言っているわけです。「学ぶに如《し》かざるなり」と。

孔子の言う「学ぶ」とは、本を読むということです。ほかの人から学ぶということです。考え事は、学ぶことではありませんからね。他者から学ぶという時間がないといけません。

他者から学ぶ時間ということであれば、SNSで友達と話すのも学ぶ時間ではないかと思われるかもしれませんが、そうではありません。

SNSで友達と話すのは、単なるおしゃべりです。学びではありません。自分と同レベルの人の話を聞くのは、おしゃべりの域を出ません。

「SNS疲れ」という言葉を耳にするようになって久しくなりました。朝起きてから夜寝るまで、隙あらばスマホをチェックし、友人の投稿や声掛けにリアクションするのでは、疲れて当然です。

そして疲れる割に、得るものは少ない。これが致命的なのです。

おしゃべりをしている間は、精神力は育ちません。だいたい、くだらない悩みを相談し合うのがおしゃべりです。心の問題をひたすらこねくり回し合うだけです。夜、これを排除するだけでも、ずいぶんと楽になります。

ニーチェは『ツァラトゥストラ』の中で、「世界は深い、昼が考えたより深い」と夜の思考の深さを語っています。

最も知られていない者、最も強い者、どんな昼よりも明るい、深い真夜中の魂をもつ者が、地の主となるべきなのだ。

ニーチェ：著、手塚富雄：訳『ツァラトゥストラ』（中公文庫）

「深い真夜中の魂をもつ者」に充実した昼がやってくるのです。

本章の最後に、真夜中が語る声を聴く心についてのニーチェの言葉を引用します。「夜型同盟」の私たちには深く刺さる言葉です。

おお、人間よ、心して聞け。
深い真夜中は何を語る？

「わたしは眠った、わたしは眠った――、
深い夢からわたしは目ざめた。――
世界は深い、
昼が考えたより深い。
世界の痛みは深い――、
悦び――それは心の悩みよりいっそう深い。
痛みは言う、去れ、と。
しかし、すべての悦びは永遠を欲する――
――深い、深い永遠を欲する！」

ニーチェ：著、手塚富雄：訳『ツァラトゥストラ』（中公文庫）

おわりに

本書を最後までお読みいただき、ありがとうございます。

「夜の学び」「夜の知的生産」をテーマにここまでお話ししてきました。実践できそうな項目は見つかりましたでしょうか。

みなさんがこれから「知的で勤勉なドラキュラ」となり、夜の知的生産をひっそりと楽しみ、教養のレベルを高めるための一助となれたのでしたら、著者としてこれほどの喜びはありません。

著者としてもう一つ、みなさんにお願いしたいのは、どうか「甘美で魅力的な夜の時間帯を学びにあてる」という意気込みを、一生涯、持ち続けていただきたいということです。
昼間は仕事に忙殺され、夜は疲れてすぐに寝てしまう。あるいは、ついいつものメンツで飲みにいってしまう。どちらも、それはそれで一つの人生です。
しかし、「仕事」と「知的でない時間」で一日が構成されてしまうと、それはそのまま「知的でない人生」を生きていくということになります。それは、人間として生まれた私たちにとって、もったいないことだと思うのです。

本書の最後に、詩人李白による五言絶句『静夜思《せいやし》』を紹介します。

牀前看月光
疑是地上霜
挙頭望山月
低頭思故郷

読み下すと、次のようになります。

牀前《しょうぜん》　月光《げっこう》を看《み》る
疑《うたご》うらくは　是《こ》れ　地上《ちじょう》の霜《しも》かと
頭《こうべ》を挙《あ》げて　山月《さんげつ》を望《のぞ》み
頭《こうべ》を低《た》れて　故郷《こきょう》を思《おも》う

静かな秋の夜、寝台の前の床に射す月の光の輝きが白く、地上におりた霜ではないかと思った。頭をあげると山の端に月があり、その光であるとわかった。それを眺めていると遠い故郷のことが思い出され、いつしか頭をうなだれる。

李白は、朝でも昼でも、故郷を思う時間を持てたはずです。しかし、そのきっかけがなかった。望郷の念は、そこに月光が霜のように降りたから生まれたもの。霜のように白く月が輝く夜こそ、静かに故郷に思いを馳せるのにふさわしいのです。

夜、眺めるものが空に輝く月くらいしかなかった時代には、誰もが同じように月を見上げ、一人思いを深めていたはずです。

ある人は故郷を思い、ある人はそこにいない誰かを思い、またある人はこれからのことを思ったでしょう。

しかし今の時代の夜は、李白が暮らした時代に比べると賑やかになり明るくもなり、夜に月を見上げる人は少なくなりました。何かに思いを馳せ、自分自身と向き合うことも減りました。

現代は、人間が己を見つめる時間を失った時代といえるのかもしれません。

だからこそあえて私たちは夜、白く輝く月光に気付き、月を見上げるかのようにして、自らの考えや知識を深める必要があるのです。

夜の時間を意識し「知的」に過ごす。知的な蓄積を、夜、リラックスしながら積んでいく。人間として生まれた喜びを、このようにして味わうことができたら、とても豊かで幸せなことだと私は考えています。

お互いこれからも「夜型同盟」として、夜の学びを楽しんでいきましょう。

齋藤 孝

齋藤 孝《さいとう・たかし》

1960年、静岡県生まれ。明治大学文学部教授。東京大学法学部卒。同大学院教育学研究科博士課程を経て現職。『声に出して読みたい日本語』(草思社)がベストセラーとなり日本語ブームをつくる。著書に『読書力』『コミュニケーション力』『古典力』(以上、岩波新書)、『質問力』(筑摩書房)、『雑談力が上がる話し方』(ダイヤモンド社)、『語彙力こそが教養である』(角川新書)、『大人の語彙力ノート』(SBクリエイティブ)、『頭のよさとは「説明力」だ』(詩想社新書)、『孤独を生きる』(PHP新書)、『読書する人だけがたどり着ける場所』(SB新書)、『12歳までに知っておきたい語彙力図鑑』(日本能率協会マネジメントセンター)、『頭のいい人の独学術』(ポプラ社)など多数。NHK Eテレ「にほんごであそぼ」総合指導。

編集協力　前田浩弥

協力　米山公啓

ポプラ新書
267
頭のいい人の夜に学ぶ習慣
2024年11月5日 第1刷発行

著者
齋藤 孝

発行者
加藤裕樹

編集
村上峻亮

発行所
株式会社 ポプラ社
〒141-8210 東京都品川区西五反田3-5-8
JR目黒MARCビル12階
一般書ホームページ www.webasta.jp

ブックデザイン
鈴木成一デザイン室

印刷・製本
TOPPANクロレ株式会社

© Takashi Saito 2024 Printed in Japan
N.D.C.159/238P/18cm ISBN978-4-591-18381-6

落丁・乱丁本はお取り替えいたします。ホームページ(www.poplar.co.jp)のお問い合わせ一覧よりご連絡ください。読者の皆様からのお便りをお待ちしております。いただいたお便りは著者にお渡しいたします。本書のコピー、スキャン、デジタル化等の無断複製は著作権法上での例外を除き禁じられています。本書を代行業者等の第三者に依頼してスキャンやデジタル化することは、たとえ個人や家庭内での利用であっても著作権法上認められておりません。

P8201267

生きるとは共に未来を語ること 共に希望を語ること

昭和二十二年、ポプラ社は、戦後の荒廃した東京の焼け跡を目のあたりにし、次の世代の日本を創るべき子どもたちが、ポプラ(白楊)の樹のように、まっすぐにすくすくと成長することを願って、児童図書専門出版社として創業いたしました。

創業以来、すでに六十六年の歳月が経ち、何人たりとも予測できない不透明な世界が出現してしまいました。

この未曾有の混迷と閉塞感におおいつくされた日本の現状を鑑みるにつけ、私どもは出版人としていかなる国家像、いかなる日本人像、そしてグローバル化しボーダレス化した世界的状況の裡で、いかなる人類像を創造しなければならないかという、大命題に応えるべく、強靭な志をもち、共に未来を語り共に希望を語りあえる状況を創ることこそ、私どもに課せられた最大の使命だと考えます。

ポプラ社は創業の原点にもどり、人々がすこやかにすくすくと、生きる喜びを感じられる世界を実現させることに希いと祈りをこめて、ここにポプラ新書を創刊するものです。

未来への挑戦!

平成二十五年 九月吉日 株式会社ポプラ社